きれいだけじゃだめなんだな。
たくましさと、造形に対する闘争心を出さないと。
新しいものを生み出す勇気をね。

JN261441

から現在に
ているデザ

となく、暮らし
易く、しかも
それらの業
み、さらに数
年では海外

科卒
先生に師事
(現・多摩美

イン室
イン室

究所

森正洋の言葉。 デザインの言葉。

まえがき

ナガオカケンメイ（デザインディレクター）

昔のデザイナーの働き方が好きだ。日本の発展を見据え、経営者とものづくりだけでなく、経営への姿勢についても熱くぶつかり合う。当然、形だけでなく、素材や技術、それを効率よく安全につくり出す工場のラインにまで口を出す。依頼者以上にその会社を愛し、日本が、生活者が、どうやったら少しでも豊かになるかを考え、常に正しいものづくりの手本を訪ねて国内外へ足を運び、自分の手や五感で確かめ、酒を酌み交わす。商品として世に出た後も、自らの生活で使い続け、作り出したものや、改良した技術を酒の肴に友と語り合い、交流を続けるよき生活者だ。

そんなデザイナーが動き回った後には、たとえば会社なら彼の考えが工場に伝わり、ものにしっかり落とし込まれる。たとえばそれが産地なら、いつも飲み交わしながら、喧嘩しながら、何が自分たちの産地に必要なのかの議論の熱が残り、困ったときに立ち返る拠り所を残す。たとえば、それが国全体なら、そうした創作によってできた生活用品を人々が使うことで、暮らしに対する意識を高め、日常に起こるさまざまなことに対応する日本人の基礎力をいつのまにか作ってくれる。そして、思う。今の生活者はどうか、今の産地はどうか、今の経営者はどうか。今のデザイナーは、何を見据えているのか。

僕がデザイナーという職業に憧れて二十年たった今、ふと見渡すと、ビジネス重視の、ただあればいいくらいのものづくりが、安っぽいトレンドで文化を腐らせている。用途のよくわからない、使いづらいものでも「デザイン」といえば保護され、メーカーも産地も、自分らしさを捨てヒットを追い、結果として文化と環境が危うくなっている様子を感じ、ふと思った。自分が憧れていたデザイナーとは、いったい誰なんだろう。そして、自分が「昔のデザイナー」と呼んでいる人とは誰なんだろうか?

プロダクトデザイナーの深澤直人さんは、「僕が〝ふつう〟というテーマでデザイン活動ができているのは、現代社会において、もはや〝ふつう〟は普通ではないからだ」と語る。そんな時代になった今、また、未来において、生活用品は使いやすさを捨て、常にデザイナーの名前と「ＤＥＳＩＧＮ」で保護され続けるのだろうか。心配したくなるほど、今の「デザイン」が大きく脱線しているように見えるとき、デザイナーという仕事の中で「変わってはいけないものは何か」を考えるようになった。そして、僕の考える「正しいデザイナー」が少ないと感じるうち、そんなデザイナーに会いたくなった。その正しいデザイナー、森正洋さんは佐賀と長崎の県境の土地で、強烈にものづくりと向き合っていた。森さんから少しでも「デザイナーとして、いつの時代も変わってはいけないもの」を教えてもらおうと九州へ通おうとしたとき、彼は故郷で七十七歳の生涯を閉じていた。その後も、彼の軌跡から学ぶものが多すぎて九州に通い続けるうち、「森正洋のものづくりの思いを一冊にしたい」という人たちと出会った。今、その作業は終盤を向かえ、僕はこの原稿を書いている。

僕たちの子どもが「ミッフィー」は知っていても、作者ディック・ブルーナをよく知らないように、そして「ドラえもん」は知っていても、藤子F不二雄をそんなに知らないように、一般には「G型しょうゆさし」の作者が森正洋であることは、あまり知られていない。もし、森さんが生きていて、そんな話をふったら、いつもの笑顔でこう言うに違いない。「デザイナーの名前を出すような言い訳を、道具にさせてはいけない」と。

ここに、森正洋さんとものづくりに関わる仲間との間に生まれた言葉を時間をかけて集めた。こうした言葉が生まれた一瞬一瞬の、その当時の日本のデザインを想い描き、感じていただくことができたらうれしく思う。

二〇一二年一月

ナガオカケンメイ

1965年北海道生まれ。日本デザインセンター原デザイン研究室（現研究所）を経て1997年、ドローイングアンドマニュアルを設立。2000年、これまでのデザインワークの集大成としてデザイナーが考える消費の場を追求すべく、東京・世田谷にデザインとリサイクルを融合した新事業「D&DEPARTMENT PROJECT」を開始する。2009年11月より、日本をデザインの視点で案内する県別ガイドブック『d design travel』を刊行。

目次

まえがき　ナガオカケンメイ（デザインディレクター）―― 5

第一章　デザイナーとして生きる

森正洋の言葉 ―― 12
森さんのモノの売りかた　談・松尾慶一（白山陶器 社長）―― 51
森先生の無言の教え　談・崔 宰熏（ＬＩＸＩＬ デザイナー）―― 61
教育者としての森先生　談・栄木正敏（プロダクトデザイナー）―― 69
正洋が父と母から受け継いだもの　談・森 敏治（森正洋の長兄）―― 77

第二章　かたちを作る

森正洋の言葉 ―― 86
森先生に怒られた記憶　談・富永和弘（白山陶器 デザイン課長）―― 125
実感から生まれるかたち　談・福田由希子（白山陶器 デザイナー）―― 135

森さんと松屋銀座　談・山田節子（ライフスタイルコーディネーター） 143
森くんを支えた「万機普益」の教え　談・織田了悟（円福寺 前住職） 151

第三章　社会の中のデザイン

森正洋の言葉 160
業務用食器のデザイン　談・木原長正（有田焼産地商社キハラ 社長） 191
シェルシリーズが世に出るまで　談・阪本やすき（白山陶器 デザイン室長） 201
「平茶わん」が示す未来　談・小松 誠（プロダクトデザイナー） 211
「デザインはデモクラシー」の意味　談・宮﨑珠太郎（竹工芸作家） 219
森正洋プロフィール　小田寛孝（デザインモリコネクション 代表） 227
あとがきにかえて　林良二（「森正洋を語り・伝える会」副代表世話人） 234
「森正洋を語り・伝える会」について 239
図版解説 240
「森正洋の言葉」出典 242

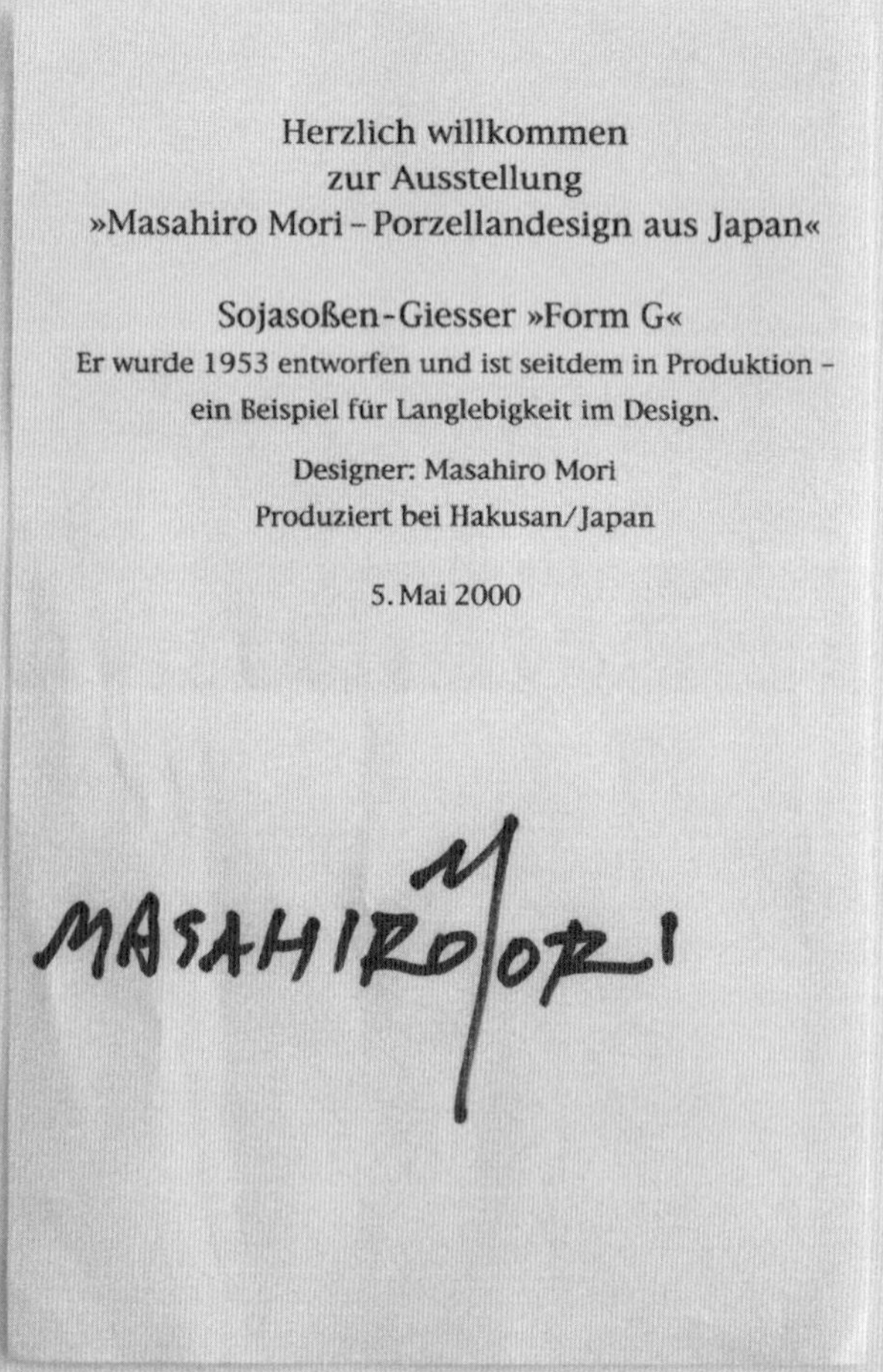

Herzlich willkommen
zur Ausstellung
»Masahiro Mori – Porzellandesign aus Japan«

Sojasoßen-Giesser »Form G«
Er wurde 1953 entworfen und ist seitdem in Produktion –
ein Beispiel für Langlebigkeit im Design.

Designer: Masahiro Mori
Produziert bei Hakusan/Japan

5. Mai 2000

MASAHIRO MORI

第一章　デザイナーとして生きる

実用性だけではダメだし、流行を追ってもいけない。
デザインは生活文化をつくり出していけるものでなければ。
それには人間の生活をよく見ること。
人間が好きじゃないと、モノは作れないよ。

本当の意味の大人になるためには、
もっといろんな情報を取り入れた上で、
「あなたはそういうけれども、やっぱりこれはいいんじゃないか」
「私の生活にはこれがいい」と
自分なりのものの見方を身につけなければいけませんね。
その意味では、まだ大人じゃない。

学校で、お前、何のためにデザインをするのか、と学生に尋ねても、
答えるだけの思想をもっていないんですよ。
僕たちのころとはまるで逆になっちゃった。
学生のときこそ、デザイン思想、
物と人間の生活のことを徹底的に論じなければいけないんですがね。
社会に出たら汚染されるばっかりですから。

「理解してもらえない」

「理解してもらえない」

と言っていいのは幼稚園まで。

ましてや大学を卒業して社会に出たら、

「もらえない」ということはなくて、
自分がどこでどうやってカバーするかだと思います。

デザインっていうのはさ、
胃袋と市場によって決まるんだよ。
そういう生々しい実感がデザインには要るわけ。
だから実感を持って、考えている人がいいんだよ。

デザイナーは産地に入り込んで
現場が抱える実状を知った上でデザインするべきだ。

いくら勉強しても、足踏みするときがあるんです。
勉強した結果が出てこない時期が。
でもどこかでポーンと三段くらいジャンプするときがある。
それは、社会に出てからかもしれない。
ま、一生なけりゃダメだけどな。
コツコツやっていればだんだんうまくなる、というのは違うと思うね。
自分のなかで何度も消化して、
どこかで「こうだ！」というのをつかまえたら、
ポーンとジャンプする。
そのときは、ユニークな自分なりの創作、
自分の塊ができあがる。

デザイナーの一番弱い習性は、
変っている形に弱いということです。
使える使えないではなく、
おもしろいものを選んでしまうところです。

デザインをやる人は、
技術屋が持っている能力を理解できる能力がないと駄目なんだよ。
技術がわからないと、デザインも考えられないし、
現場も指導できないでしょう。
一日八時間あれば、七時間半は現場、
あと三〇分で図面を書けっていうくらいでね。

自分の描いたデザインのどこがどうなのかと批評されることは、けなされたって無視されるよりはましなんです。

新しいことをしようとしたら、
材料や技術から自分で作っていかないといけない。
でないと本当にユニークなものはできない。

僕がよく耳にすることは、
作らせてもらえない会社が多いという愚痴です。
それが僕は気に掛かります。
「もらえない」というのは甘いんじゃないかと思います。
設備があるなら作ってしまえと言いたいです。
作りたい時に作るべきなんです。

条件があったらいいものができないということはない。
能があるヤツはその辺をうまく処理してバッチリいいものを作る。
ずっと残っているヤツはみんなそうなんです。

デザイン — 産業芸術として合理的、
客観的、抽象的

絵画、彫刻 — と区別

近代デザインの発端は産業革命によって
蝕まれた社会を救うため、反対して行な
はれた ウイリアム・モリスのアーツ・アンド・
クラフトなのである。
産業と密着するのは 第2次産業革命
20世紀

デザイナーは消費生活を秩序づけるもの
として初めて登場した職業人。
デザインは工業時代の芸術様式。

日曜工芸家

機能論—存在論
象徴論

未来の事は現在をよくミョーハクする事に
よりつながっていくから現在を（変化していく動きの中で）とらえることであろう。

もっと理論武装をしろ。

デザインはいいから、新聞を読め。
社会のことを学べ。
我々がそこに物を提供しようとしている
世の中の背景を探れ。

美術などの本は全部買っていました。
立ち読みはしてはいけないと思っていたし、
東京にいればまだしも、
田舎にいるとそういう情報に自分でお金を払って、
今必要でなくても持っていて、
いつか必要になったらそれを見られる状態に構えていない限り、
本当の田舎者の人間になってしまいます。

原始のおどり
踊り
火の鳥

僕が昔、やきものが嫌いだったというのは、
やきものそのものが嫌いだったんじゃなくて、
古い絵柄ばっかりを描いているのが嫌いだったんです。
山水画といっても、ちゃんとした山水ならいいんですが、
崩したものを描いている。それも昔から描いている。
そういう世界がどうしても好きになれなかったんです。

先生は誰だと言ったら時代だということになる。

モノを見るとき、
日本ではそのモノだけを見る習慣がどうしてもある。
だけど、そのモノが置かれる生活基盤を通して見つめなければ、
本当のモノの存在価値は見えてこない。

目で見るんじゃなくて
手作りですか、手作りじゃないですか、
という買い方があるんですよ。
いつだったかNHKでやってましたよ、
「見てもわからないから手作りか機械作りか書いてください」
と言うんですよ、その奥さんは。
救われないと思いましたね。
自分の目で見てね、手作り・機械作りに関係なくね、
自分の生活からものを見るという見方を自分でしていかないと……。
それこそが生活だし、教養だと思うんですね。

中小企業だと、
デザインというのは販売から包装紙まで
ぜんぶやらないとダメなんです。
ろくろができたらデザイナー、
なんてことは絶対ありません。

日用品は、展覧会用の見本をつくっただけでは何にもならない。
価格が決まり、大量生産が始まって、初めて社会的存在になる。
そこに到達するまでのさまざまな折衝や交渉、そしてかけひきと妥協。
これも工芸の世界にはない面白さと苦労がある。

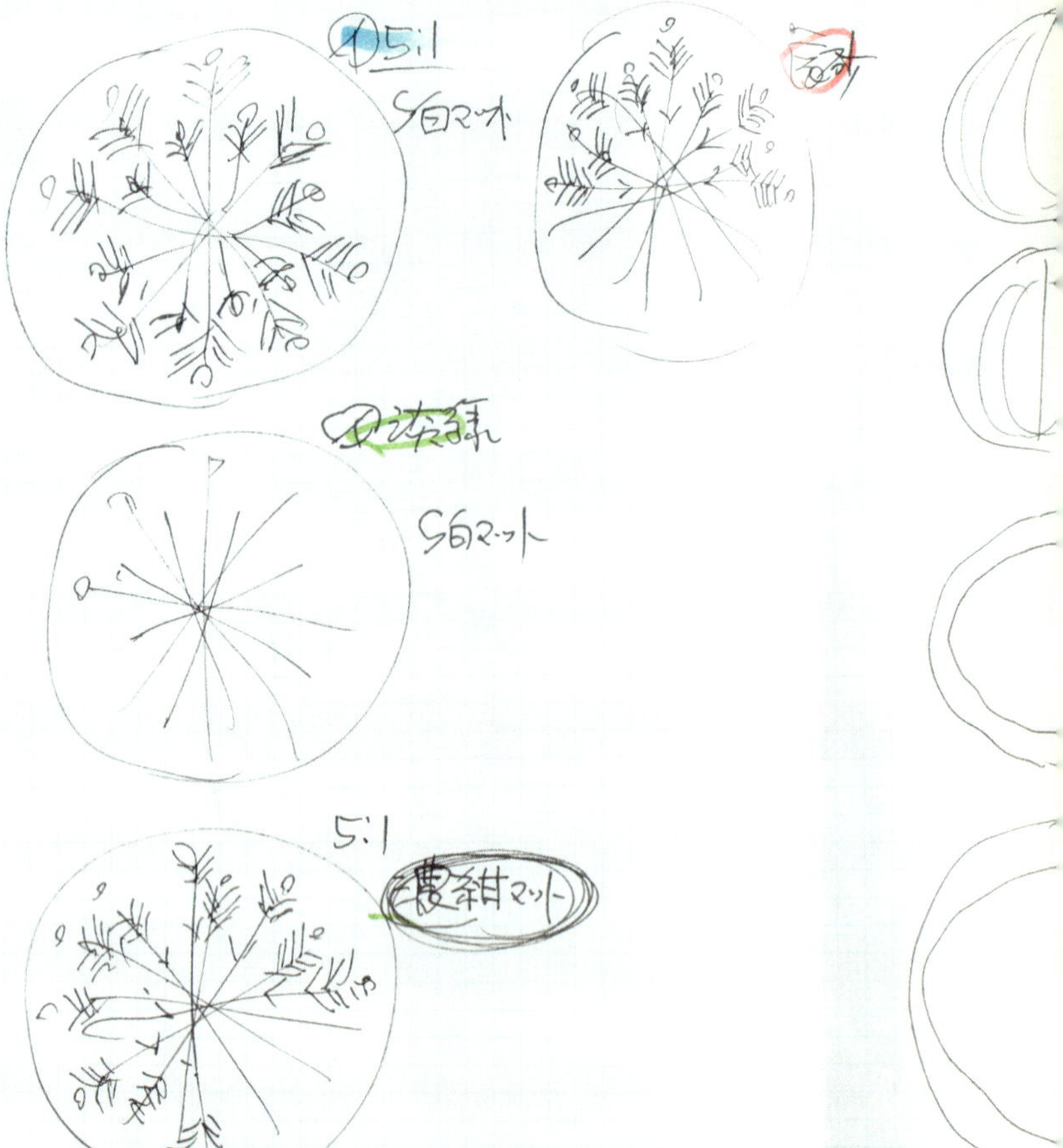

①5:1
5白マット
淡緑
5白マット
5:1
濃紺マット

デザイナーには野性が必要。
でないと新しいものは生み出せないんだよ。

戦後の何もない時代を、身をもって体験しているからね。
精神的にも飢えていたから、
芸術論や民主主義について書かれた本を濫読していたんだよ。
するとしだいに、日常生活で使われるモノの重要さがわかるようになった。
頭じゃなくって、皮膚感でね。
そうして、生活にいちばん必要な器、
みんなが使う〝生活の道具〟のような器をデザインしたいと思った。

物を作りながら物だけを見るのではなく、
物の後ろに人間が居ること、
人々の生活があることを忘れてはいけない。

時代の大きな流れのなかで、
これなら許されるとか、
もうそんなことをやっちゃいけないなというのがある。
それを見極めながらものを作っていくのは、
デザイナーの当然の義務。

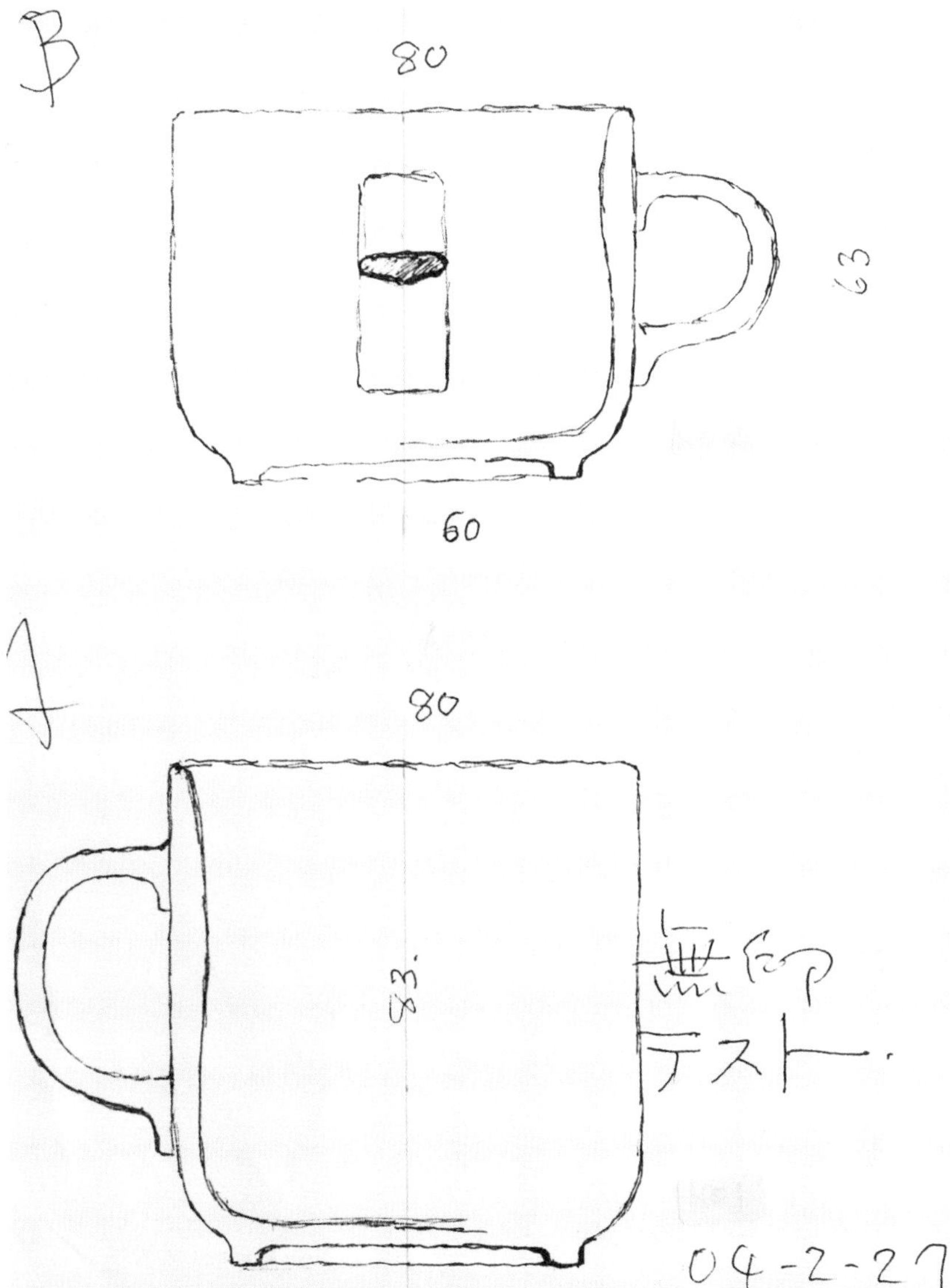
B
80
63
60
80
83
無印
テスト.
04-2-27
MORI

使えるものを作ってこい。

デザインなんていうのは、
デザイン室にこもってても勉強にならない。
勝手に動き回れないと頭が自由にならない。
ギルドの集団からは出てこないよ。

日常の生活で使う器を考え、形を創り
工場で生産することにより、
多くの人々とともに共有し
生活することに、デザインの喜びを感じる。

望遠レンズと広角レンズを持つということかな。
歴史の生きた流れをちゃんと見られるということと、
世界の多様性に目を配れるということでしょうね。

談・松尾慶一

（白山陶器株式会社 社長）

松尾さんと森正洋さんとのかかわり：白山陶器株式会社の二代目。父・松尾勝美は、森さんをデザイナーとして白山陶器に迎え入れた人物。幼い頃から森さんの姿を見て育ち、白山陶器に入社してからは、森さんに怒られたことが幾度となくある。森さんのモノづくりの思想を守りながら、現在もふだん使いの食器を作り続けている。

森さんのモノの売りかた

森さんのことを「かっこいいなあ」と思った一番の記憶は、名古屋で開かれているテーブルウェアの見本市での一件。確か、一九八五年頃のことです。

名古屋の見本市といえば、業界でも最大級のイベントです。全国から卸問屋さんが集まって展示会を開き、そこへ百貨店さんや専門店さんが来季に売る商品を買い付けに来ます。

景気がよかった当時は、そりゃあ活気がありましたよ。百貨店の人たちも大勢でやってきて、「大名行列」と呼ばれるほど。百貨店のご一行様が来ようもんなら、それこそ宴会だなんだって大騒ぎ。かつて、そんないい時代があったんです。

で、その見本市の会期中、白山陶器がお付き合いしていた金子さんという大阪の大きい問屋さんが、髙島屋全店の仕入れ担当が集まる会合をセッティングしました。

今ではあまり想像できないことかもしれないですが、当時は同じ百貨店内で喧嘩している、なんて状況がよくありました。

それぞれの店に親分がいて、商品選定で競いあっている。「横髙（横浜髙島屋）が売るやつは、日本橋では売らないぞ」なんて言って、同じ百貨店同士なのに張り合っていたんですよ。

そういう情報を、森さんはちゃんと把握していたんでしょうね。金子の社長さんから「森先生、髙島屋向けにぜひ一世一代のすばらしいものを作ってください」と頼まれて、おそらく森先生は「各店の仕入れの責任者を一堂に集めろ」というようなことを言ったんでしょう。

全店の人たちがタイミングよく揃うのは、名古屋の見本市の会場しかない。そこで、金子さんは会場近くに別室を用意して、店長クラスに「集まってください」と声をかけたんです。カバン持ちで付いていった若造の僕は、「何が始まるんだろう」と興味津々でした。

わらわらと人が集まるなか、森さんはまず、各店の人たちから要望を聞いて回りました。ひととおり聞き終わったら、すぐにピャピャピャピャッとペンを走らせて、「たとえば、こんなのどう？」。

スケッチに描かれていたのは、カヤツリグサにホタルをちょんちょんちょんと、かわいらしくあしらった茶碗。

森さんが提案したのは、「ホタル手」と呼ばれる技法です。これは、器体に透かしを入れ、そこに透明な釉薬を埋め込んで作ります。透明な釉薬の部分から光が差し込み、文様がやわらかく浮き上がるさまをホタルの光にたとえたもので、当時はとても人気がありました。

ただ、その頃出回っていたホタル手は、とにかくホタルをいっぱいつけた、ゴテゴテしたものが多かったんです。でも、森さんはホタルをシンプルにあしらって、清楚な感じのデザインをパッと描いてみせた。

そこにいた髙島屋の人たちは、森さんのあまりにすばやい提案に、どう反応していいかわからない。だから、とりあえず「はい」って言う。それで、あっさりみんなを合意させてしまったんです、オール髙島屋をね。

いったん「はい」と言ってしまったからには、横髙だろうが、日本橋だろうが、みんな売らなきゃいけない。すると今度は、各店で売り上げを競うようになる。「横高が売るなら、日本橋は売らない」だったのが、「横高に負けるな、日本橋がんばれ」って形相を変えて、同じモノを売りにかかる。それで、一シリーズですごい売り上げを叩き出したんです。

もっとも問屋の側としても、全店を集めて商談を成立させたかったはずです。でも、金子の社長さんが自分で「集まってくれ」と言ったら、「なんで問屋のお前が、オレたち百貨店の人間を『集めろ』って命令するんだ」となってしまう。そこで森さんは一計を講じた。「デザイナーの森先生が集まってほしいと言っているから」と言われれば、みんな素直に集まらざるをえない。しかも、「今後の髙島屋を左右するような商品開発を今からやりまっせ」なんて言われたら、「何だ何だ何だ」と誰でも興味が湧きますよね。

そうやって、オール髙島屋を集めて、あっという間に合意をとりつけてしまったんです。

森さんは、とにかくなんでもやってみる。

作ってみる、形にしてみる、色をつけてみる、絵を描いてみる。いろんなことをこれでもかこれでもかと山のようにやって、「よし、今これを出してみよう」と売り出して、世の中に問うてみる。

で、はたして反応はどうか。

すぐに手ごたえが返ってくるものもあれば、なかにはまったく動かないものもある。動かないからといってぜんぶ「やめた」じゃなくて、「じゃあ三年、五年がんばってみようか」という判断を、会社と一緒になってする。モノが動くか動かないか、市場で必要とされているかどうかというのは、やっぱり一度世に出してみないとわからないんです。

おまけに、どこに商品を出すかによっても、結果は変わってきます。出し先をちょっと変えるだけで、これまで動かなかったモノが、動く場合も当然あります。だから、人の目に一番ふれる場所はどこだろうと、森さんは常に販売チャンネルを探していました。

百貨店の人と直接やりとりしたほうがいいのか。地元の問屋さんを使うにしても、どうやったらちゃんと流通するか。そのとき、そのときで売りかたを変えて、人の目にふれる場所をちゃんと作っていきながら、白山陶器のブランドを育ててきたんだと思います。

最近、「六次産業」という言葉をよく耳にします。

六次産業とは、農業や水産業の一次産業に携わっている人たちが農産物や海産物を自分たちで加工して、自分たちでお客さんを見つけて売っていくこと。

もともとは大分県の大山町農協の人たちが、「日本一のお百姓集団になるんだ」と、まずは土作りから始めたそうです。そうしてできた良質の作物をそのまま売るのではなくて、パンにしたり、ジャムにしたり、いろんなものに作り変えて、自分たちで流通のチャンネルを作って、ファンを増やして、地道に販売につなげていった。それが成功事例となって、「六次産業」と呼ばれて話題になっているんです。

僕が最初にその話を聞いたとき、「ん、ずいぶん前から白山陶器はそれをやっているぞ」と思ったんだよね。日用雑器の伝統的な産地だった波佐見に、デザインという新しい概念を持ち込んで、その時代に合ったモノを作って、売る場も自らで開拓してきた。

森さんがやってきたことは、実は六次産業の先駆けだったんだと思うんです。

不景気の昨今、やきものの世界も厳しいですが、まだまだやりようはある。

問屋さんを見ていると、営業の人たちが「オレはここの窯焼と懇意にしているから」、「私はあっちの窯焼と仲がいいから」と、同じ会社のなかでテンでバラバラなことをやっている。かつての高島屋と一緒ですよ。

売る側が「こっちがいいですよ」、「いや、これのほうがオススメですよ」なんて人によってそれぞれ違うことを言っていたら、買い付ける側としては、どれが本当にいいモノか判断がつきません。だから、たまたま目についたものを買っていくことになる。そんな状態では、ヒット商品なんて生まれっこないんです。

うちは、みんなで話し合って「今年はこれでいくよ」と決めて、オール白山でがんばって同じモノを売っていきます。

ときどき、問屋さんに向かって「どうして一丸となって売らないの？」と言うんですが、みんなやらない。でも、僕がそんなふうに考えるようになった背景には、見本市での森さんの姿がずっと記憶に残っているからなんですよね。オール髙島屋を一瞬でまとめちゃった、あのすごい手際のよさが。

松尾慶一（まつお・けいいち）

白山陶器株式会社代表取締役社長。1953年、長崎県生まれ。76年、専修大学卒業。78年に多治見市意匠研究所陶磁器課程を修了した後、同年白山陶器株式会社入社。95年より現職。日本陶磁器意匠センター理事長、日本陶磁器デザイン協会会長などを兼務。2011年より日本デザイン振興会評議員。

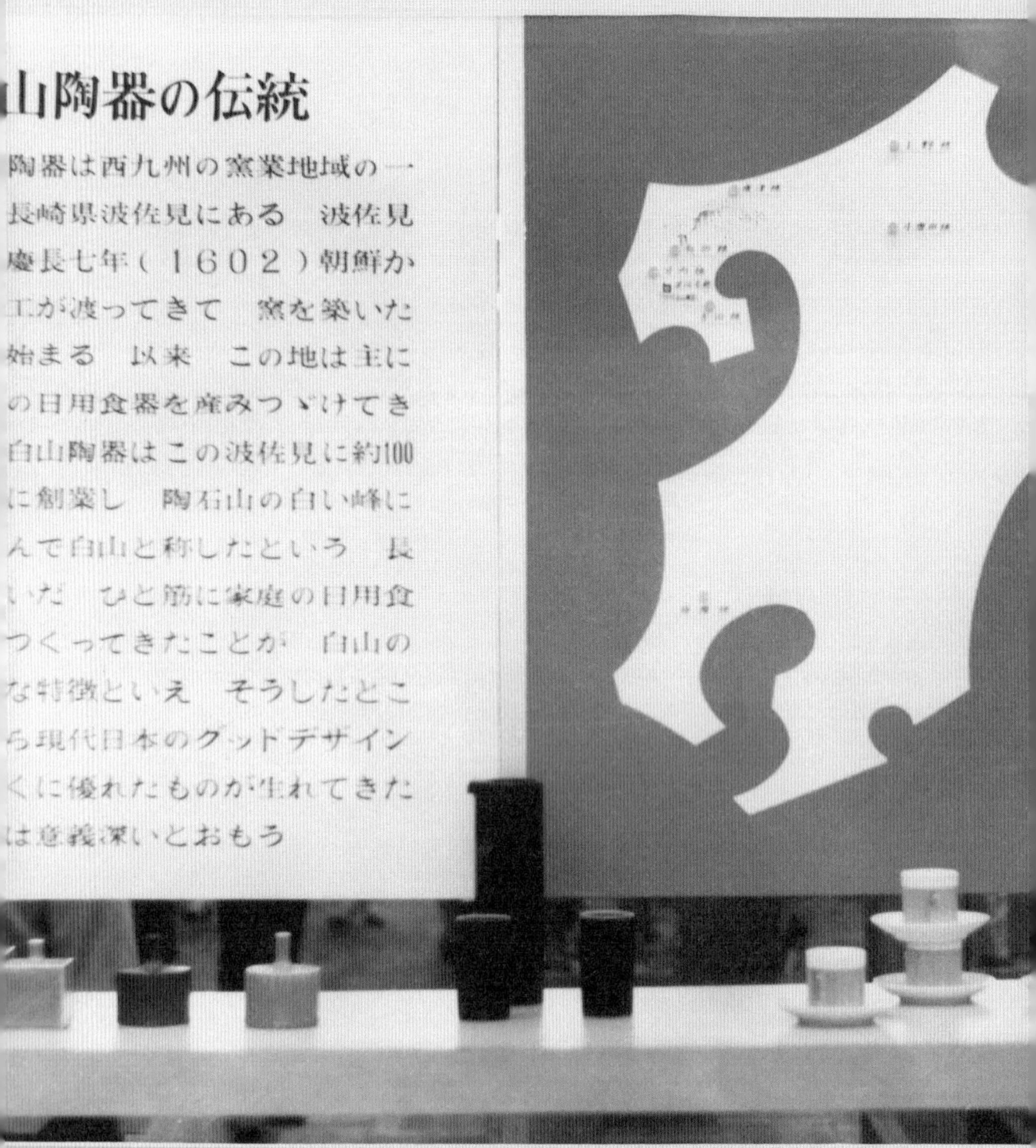
山陶器の伝統
陶器は西九州の窯業地域の一
長崎県波佐見にある　波佐見
慶長七年（１６０２）朝鮮か
工が渡ってきて　窯を築いた
始まる　以来　この地は主に
の日用食器を産みつゞけてき
白山陶器はこの波佐見に約100
に創業し　陶石山の白い峰に
んで白山と称したという　長
いだ　ひと筋に家庭の日用食
つくってきたことが　白山の
な特徴といえ　そうしたとこ
ら現代日本のグッドデザイン
くに優れたものが生れてきた
は意義深いとおもう

談・崔宰熏
（株式会社LIXIL デザイナー）

崔さんと森正洋さんとのかかわり： 愛知県立芸術大学大学院の留学時代に森さんと出会ったことが、セラミックデザインの道に進むきっかけとなった。夏休みで韓国に帰るとき、「おばあさんにあげてください」としょうゆさしをもらったことも。ほかにも森さんが下宿に泊まって、お酒を飲みながら語り合ったことなど、思い出はつきない。厳しくてやさしい先生だったと振り返る。

森先生の無言の教え

「やる気があるんだったらしっかりやって、やる気がないんだったら今すぐやめなさい」

愛知県立芸術大学大学院に留学して一年目のことです。私は大学三年生と一緒に、森先生の陶磁器デザインの授業を受けていました。

その日は、たまたま急にアルバイトが入って、森先生の授業をさぼってしまいました。そこで先生が「崔《ちぇ》くんに伝言するように」と一緒に授業を受けていた友人に言ったのが、先の言葉です。伝言を聞いて「ヤバイ」と青くなりました。以降、私はバイトをぜんぶやめ、心を入れ替えて授業中心のまじめな学生生活を送るようになりました。

当時の私には、「一回くらいいいだろう」という甘えがあったんでしょう。それを森先生はビシッと突いてくださった。あのとき先生が叱ってくれていなかったら、今の私はなかったかもしれません。

私は大学院に進学する前、一九九〇年に研究生として同校に留学し、そのときすでに森先生とお会いしていました。大学院への進学が決まり、「じゃあ森先生の授業も取ってみよう」と思った。それが、私のその後の人生を決定的に変えたのです。

私は、もともと車のデザインをしたいと思っていました。なので、専攻もインダストリアルデザイン。愛知県立芸術大学を選んだのも、教授がトヨタ出身だったからです。そして、留学した先で森先生を通じてセラミックデザインの世界に出会い、自分の進路を変えることになったのです。

先の授業の課題は、ポットのデザインがテーマでした。

講評会では、実際にポットに水を入れて、注いでは止めるという動作を繰り返します。実際に使う場面を想定して、水のキレの良し悪しや注ぎ具合、取っ手の持ちやすさなどを細かく評価するんです。

そのとき、先生は『僕は図面を見ただけで、どんなものが焼き上がるかだいたい想像できる。でも、それがわかるようになったのは六十歳を過ぎてからだよ」とおっしゃっていました。先生のような人であっても、何十年と経験を積まないとわからない。ましてや若い私たちが、図面を描いただけでモノが完成したような気になってはいけない。きちんと完成したモノを自分の目と手で確かめなさい、ということを伝えたかったんだと思います。

そのとき私が提出したポットは、馬のような形をした酒器でした。先生は、その大胆な造形を見て「大陸の騎馬民族の要素があるのかなあ」と面白がっていました。

お酒を注ぐとき、日本では片手で酒器を持っても失礼にあたりませんが、韓国では両手で持つのが一般的なマナーとされています。私の作ったポットは、自然と両手を使う形になっていました。先生は、そのことも大変喜んでいましたね。

先生は常々「その土地の民族性や風土に合ったデザインがある」ということをおっしゃっていました。私が作った酒器は、まさに私の民族性を表わしていた。だから、それがとても嬉しかったんだと思います。

この酒器は、九一年に開催された海外留学生展で大賞を受賞しました。賞をいただいたことはもちろん、先生に一番初めに見てもらったものが評価された、ということが余計に嬉しかったですね。

二〇〇三年には、国際陶磁器展美濃でグランプリを受賞した副賞として、岐阜県現代陶芸美術館で個展を開くことができました。私がそれまでにデザインしたものが一堂に集められ、先生に指導していただいたあの酒器も展示されていました。

このオープニングに森先生は来てくださり、酒器を発見して懐かしがっておられました。後から聞いたところによると、私のことを「モノを作る力のある青年だったなあ」とおっしゃっていたそうです。

個展の開催に先駆け、先生に受賞の報告を電話でしたら、「おめでとう。やっと自信がついたんじゃないの？　自信を持ってやりなさい」と励ましてくれたことを思い出します。

一九九四年、結婚した翌年に私は、夫婦で先生のご自宅へ泊まりに行きました。

アトリエに足を踏み入れた瞬間、体で感じるものがありました。数々の原型やサンプル、石膏を削るときに使う年季の入ったテーブル、方眼の入ったクラフト用紙……。先生はこのクラフト用紙をいつも身近に置いていました。サイズを確認しながら、いつでもデッサンが描けるからです。

先生が自ら手を使って考え、形にし、実践してきた歴史がその空間に刻まれているようでした。

このとき、先生は佐賀県主催のストリート・ファニチャー展に出す作品を試作していました。ベテランの方の多くは、若い人に混ざってコンペに応募することに対し、少なからず躊躇するものです。でも、先生は「ストリート・ファニチャーとはこういうものだと若い人に伝えたい」と意欲的でした。そのお手伝いをしながらいろんな話をしたことが、とても懐かしく思い出されます。

今でもありありと思い出すのは、先生の曲がった指です。

原型を作るために、石膏を削る。長年、その動作を繰り返し繰り返し続けてきたために、親指と人差し指の先が曲がっているんです。あの指を思い出すたび、「そこまで探求せんといかん」と背筋が伸びます。

アイデアが閃いたときは、学生がいてもかまわず、すぐにサンプルの制作に取りかかる。何も知らないで手伝っていたものが、あとになって気づいてみたら商品になってた、なんてこともありました。

先生から最も強く教えられたのは、「体で考える」ということ。頭でちょっと考えただけの、背景の浅いデザインはサイクルが短く、すぐに世の中から消えてしまう。頭で考えて作るんじゃなくて、表現しながら体で覚えたものを形にしていく。そうして、作りながら発想をどんどん広げていく。

実際に作っている姿を目の前で見せてくれたことは、森先生の無言の教育だったと思います。

崔宰熏（ちぇ・ぜふん）

デザイナー。1965年、韓国生まれ。90年、韓国の啓明大学校美術大学を卒業後、愛知県立芸術大学大学院に留学。93年、同大学美術研究科デザイン専攻修了後、株式会社INAXに入社。現在、株式会社LIXILの中国上海の海驪建築装飾設計（上海）有限公司に出向し、企画総監を務める。2002年第6回国際陶磁器展美濃グランプリ受賞、05年世界陶磁ビエンナーレ生活陶磁部門特別賞受賞ほか受賞歴多数。日本陶磁器デザイン協会理事長。

談・栄木正敏

（プロダクトデザイナー）

栄木さんと森正洋さんとのかかわり： 栄木さんにとって森さんは、陶磁器デザイナー、教員と二度にわたって導いてくれた「職業案内人」。大学で一緒に教えるようになってから親しく接するようになった。客員教授になった森さんの運転手役を進んで務め、空港までの送り迎えの車中でいろんな話をした。やきもののことはもちろん、政治や社会のことまで、読書家の森さんはとにかく何でも知っていたと語る。

教育者としての森先生

僕と森先生との初対面は、それは強烈でした。

僕が三一、二歳くらいのときかな。当時、日本クラフトデザイン協会が主催する「日本クラフト展」が毎年、銀座松屋で開かれていました。その会場へやってきた森先生が、いきなり僕に対してメチャクチャ怒ったんです。人がいる前で「こんな手作りのモノをやって！」と、大声で。

そのとき、僕は手作りのモノと型で作るモノの二種類を出品していました。森先生としては、僕が産地にいて先生と同じように量産のデザインをやっていると思っていた。けれど、手作りにも手を出して、中途半端なことをやっている。そんなことでは横道にそれちゃうんじゃないかと危惧したらしいんです。だから、面識もない若者に向かって、おせっかいで。

僕が初めて森先生の存在を知ったのは、高校生だった頃。名前よりも先にモノと出会っているんです。

親と一緒に日本橋三越の陶磁器売り場に行ったとき、古くさい食器ばかり並ぶなかに美しいポットがあって。美しい曲線の器体に、青緑色の蓋と籐でできた取っ手。形がものすごくいいと思って、買って帰ってきたんです。今で言うと二五〇〇円くらいだったかな。それから毎日、うちではは紅茶のポットとして使っていたんですね。

それから間もなくして、雑誌『美術手帖』の増刊『グッドデザインへの招待』(一九六〇年刊)が発売されて。そこにこのポット(五八年)の写真と「森正洋」という強そうな風貌を発見したんです。その記事を見て、こんなふうに実用的だけど、人を刺激するモノというか、ちゃんと使えて日常的に愛着持ってもらえるモノを作りたいなあと思うようになりました。

僕が愛知県の瀬戸という、伝統的なやきものの産地に住んで制作をするようになったのも森先生の影響なんです。

森先生は、学生時代に終戦を迎えています。一夜にして世の価値観が一八〇度転換する経験をした。昨日まで権力を持っていた人たちが逃げまわっている。そのさまを目の当たりにして、自分はもっと人々の生活に必要とされる確かな仕事がしたいと思ったそうです。それで、陶芸の世界ではなく、日常の食器を作る道を選んだ。陶芸というのは、基本的に一点モノの美術工芸で、権力者やお金持ちを相手にしてますから。

それで、先生は高級磁器の産地である有田でなく、波佐見に向かったんです。波佐見は、江戸時代から庶民の雑器を作り続けてきたところ。昭和初期からは、「鋳込《いこみ》」で食器を量産していました。鋳込とは、削った原型をもとに石膏で型を取り、そこに土を流し込んで成型し焼き上げる技術です。

そこで、先生は世界に通用するデザインを生み出した。そんな姿に憧れ、僕も産地に住んで、土や釉薬、文様、成形、焼成などすべての工程にかかわりながらデザインをやろう、と決意をしたんです。

あの怒鳴られた一件から森先生とは行き来がなくて、僕が四十代半ばになった頃、ある日突然うちに電話がかかってきました。二年前から愛知県芸術大学の教授をやっていた先生が、僕にも教員をやらないかって声をかけてきたんです。

ありがたく引き受けたものの、それから二年間は先生と一緒の研究室で過ごすことになって。先生は常勤で、週に一回は九州からやってくる。雲の上の偉い人がしょっちゅう側にいてあれこれ言ってくるもんだから、そりゃあ、けむったかったですよ。先生が来る日はなるべく学校に行かないようにして。仕事の痕跡を残さないように、学校ではいっつも掃除してた。

後に退官して大病をされるんですが、数年たって今度は客員教授になったんですね。その頃にはだんだん僕も先生に近づいてきていて、ふつうに話せるようになっていました。それで、二ヶ月に一度、先生が来るときには敬意を表して、空港まで送り迎えして、カバン持ちをして。年の離れた偉い長男に接するみたいな気分でしたね。

森先生は、最高の教育者だったと思います。

同じ研究室だった頃は、一緒に課題を考えたり、評価したりしてました。先生は、基礎造形をすごく大事にする。そこが、ほかの陶芸家の先生と違っていました。

たとえば、立方体や球といった基本形体のバリエーションを手で五〇個作っていく課題とか。球を伸ばしたり縮めたりしていくと、五〇個のなかに一個くらいオリジナリティのある形が出てくる。造形力の練習ですね。それからテクスチャー、肌合いの実験。あとはティーポットや、ベンチとかのガーデンファニチャーの課題なんかも一緒にやってた。近代デザインというかな、バウハウスの教育の影響を受けてましたね。

ふつう、大学の教員っていうのは経済的な理由でやっている人が多い。でも、森先生はそうじゃなかった。月給のためだったら、九州から毎週通いませんよ。後進を育てたい。世の中のためになりたい。純粋な動機だったと思いますね。厳しい先生だったけれど、学生には人気がありました。

そうそう、九三年の退官時には、先生は作品を二つ作って学校に寄付したんですよ。

ひとつは、大学のマークをモチーフとしてデザインし、そのパターンをつけた食堂用の食器。プラスチックじゃなくて、陶磁器を使ってもらいたいって。もうひとつは、ホールに置く大きな組み合わせ花器。それまでパチンコ屋にあるみたいな金属の花器があったのを、「これは直したい」と。学生二十人くらいと一緒になって土から作ってました。食器はもう使われていませんが、花器は今も入学式や卒業式のときに花を活けてます。

二〇〇〇年頃から、森先生のデザインが一般誌でも取り上げられたり、全国の美術館で展覧会が開かれたりして、世間から注目されるようになって。先生が亡くなる前年の二〇〇四年に岐阜県現代陶芸美術館で開かれた展覧会のギャラリートークには、僕も学生たちを連れていきました。会場に着くと、たくさんの若者がいて、熱気で溢れていて。ようやく陶磁器デザインという分野が日本の社会で認められたんだなあと実感しました。

陶磁器デザインはそれまで、陶芸と違って美術の本道とはみなされていませんでした。でも、百万円の壺と同じように、千円のしょうゆさしにも価値がある。それを何十年もかけて世に認めさせたのが森正洋、その人だったんです。

栄木正敏（さかえぎ・まさとし）

プロダクトデザイナー。栄木正敏デザイン研究所主宰。愛知県立芸術大学名誉教授。1944年、千葉県生まれ。65年、武蔵野美術短期大学卒業後、瀬栄陶器デザイン部勤務などを経て、73年にセラミック・ジャパンを設立。77年国井喜太郎産業工芸賞、86年バレンシア国際工業デザインコンペティション大賞ほか受賞歴多数。98年から2009年まで愛知県立芸術大学美術学部デザイン・工芸科教授。11年、東京国立近代美術館にて「栄木正敏のセラミック・デザイン - リズム＆ウェーブ」展開催。

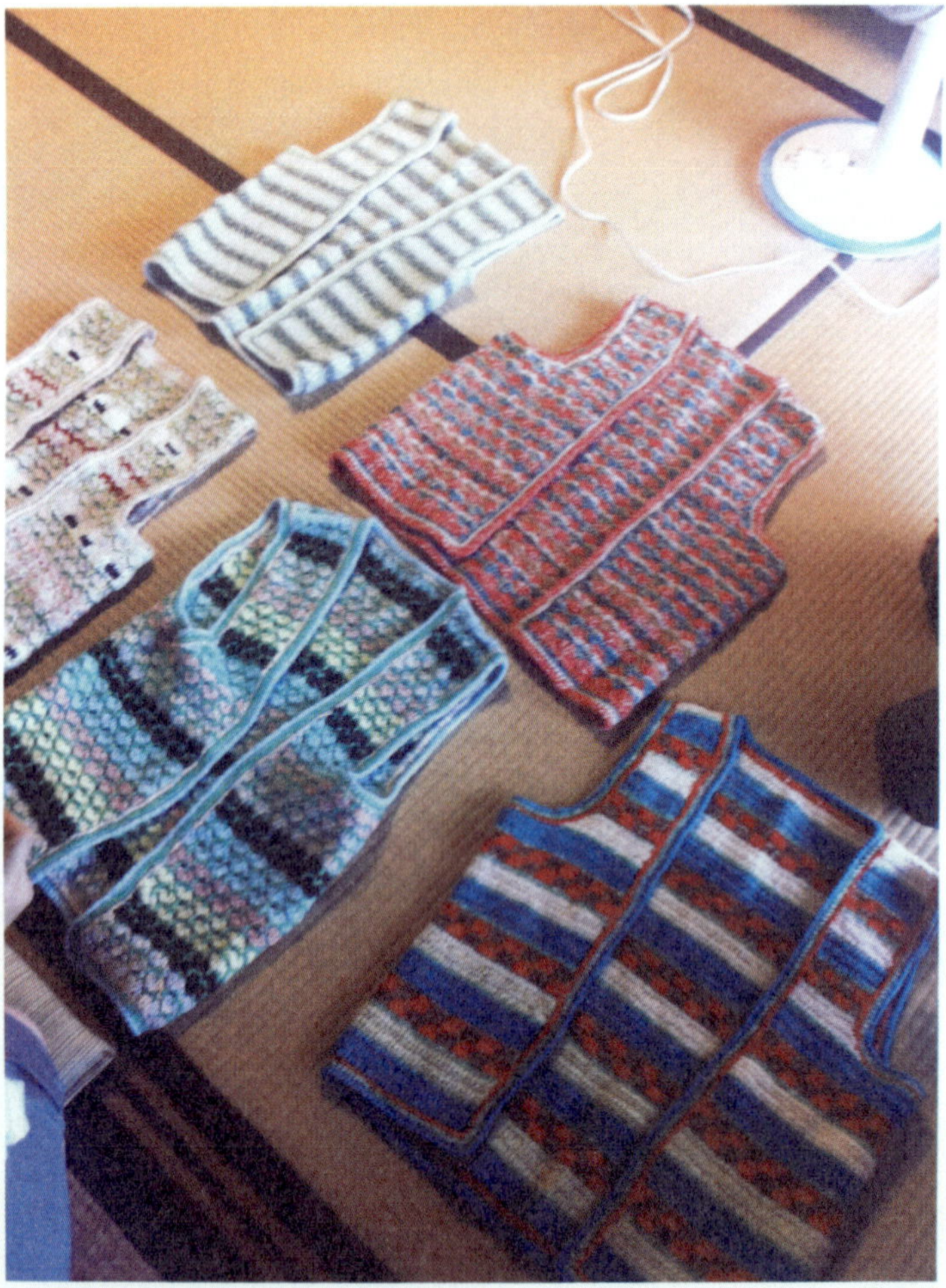

談・森敏治
（森正洋の長兄）

森敏治さんと森正洋さんとのかかわり： 森正洋さんの一番上の兄。歳が五つ離れていたせいか、兄弟喧嘩をした記憶はあまりない。家族の行事には、正洋さんと妻の美佐緒さんも必ず来て、一緒に飲み食いをしてにぎやかに過ごした。そういうときの正洋さんは、一切デザインの話をしなかった、と振り返る。

正洋が父と母から受け継いだもの

正洋は、父の辰次、母タミの三男として昭和二（一九二七）年、佐賀県藤津郡塩田町（現・嬉野市塩田町）に生まれました。私は長男で、兄弟は七人います。男、男、男、女、男、女、男。兄弟のなかで、正洋が平成十七（二〇〇五）年に一番初めに亡くなって、次に次男が亡くなり、今度は私の番かなと思ってます。

あとから母から聞いたことには、「正洋は、ほんに育てにくかった」と。なぜかというと、いっぺん泣きよると、一時間も二時間も泣きよったからです。当時、じいさんがおって、ばあさんがおって、親父がおって、長男、次男、三男とおって。親父は大工で弟子が来てまして。全員の面倒だけでも大変なのに、泣きやまない。子守りさんが来ておられたようですが、あんまり正洋が泣くもんだから、黙って帰った子守りさんもいると聞きました。

正洋は、小学校の頃から絵が好きでした。下駄を焼いてね、桐の炭を作って、それでデッサンをしてました。あとは模型飛行機を作るのが好きで。大人になってからもプラモデルをときどき作っておったようです。

小学校には、各学年の絵の上手な子を集めて特訓する緒方又次さんという美術の先生がいて、正洋はずいぶんお世話になりました。その先生との出会いが一つ、正洋に絵の興味を抱かせるきっかけになったかと思います。

私はふつうの中学に行きましたが、絵ばっかり描いていた正洋は、有田工業学校（現・佐賀県立有田工業学校）に進みました。どうやら、緒方先生から「絵を描いて行ける中学がある」と聞いて、勉強よりもそっちがいいと考えたようです。

卒業後、陶芸家の松本佩山《はいざん》先生のところに弟子入りをして、やきものを学んで、それから今度は「多摩美に行きたい」と言い出した。戦後の日本中が苦しかった時期です。

親父は「絵を描いて、メシは食えん」と強く言って、反対した。父は大工でしてね。手に職を持っておらないと、生活ができない。いわゆる明治気質《かたぎ》の人間なんです。私はそんな親父に反抗して教員になったんですけど、正洋くらいには自分の跡を継がせたいと思っておったかなあと、今にして思います。

ただ、母としては、正洋の希望だし、せっかくなら思いを遂げさせてあげたい。そうなると、つまるところ問題は学費をどうやって捻出するか。

当時、私も家内も学校に勤めておりましたけれど、教員の給料は、ほかの給料が上がってからやっと上がっていくような状況でしてね。幸い、二番目の弟が自動車工場に就職したんで、ずいぶんと助けてくれました。うちも娘が生まれてお祝いなんかをいただくと、それをぜんぶ正洋の学費にまわして。家族みんなが協力して一人を東京の大学に行かせるという、そんな貧しい時代でした。

多摩美を卒業した正洋は、一年半ほど学習研究社に勤めて、波佐見にある長崎県窯業指導所の臨時職員として働き始めました。その頃、同僚の岡本榮司さんらと一緒に、絵に興味のある若い人たちを集めて、デッサンの指導など勉強会をしておったようです。

それから縁があって、昭和三一（一九五六）年に白山陶器に入社しまして。現在の会長で当時社長だった松尾勝美さんと、亡くなったそのお父さんが、「自分の思うようにしなさい」と正洋に仕事を任せてくれた。そうして、自由にのびのびとデザインできたことが、一番よかったんじゃないでしょうか。本人もよう仕事をしたとは思いますが、正洋の功績があるのは、正洋の仕事を支えてくれた大勢の人たちがいてくれたおかげだと、ほんにありがたいと感謝しています。

親父とお袋が健在の頃、新しく自分がデザインしたモノを「こんなの作った」と、うちによく持ってきておりました。お袋は「よかとば作ったのう（立派な作品を作ったね）」と喜んでましたが、親父は見ながらニヤーッと笑ってるだけ。親父は面と向こうては引っかかりがあったようですが、でも内心は嬉しかったんじゃないでしょうか。

今考えると、親父と正洋とは非常に性格が似ていた。

まずは、すらごと（嘘）を言えん。おべっかも全然言えん。

そして、何より自分の仕事に対して、ほんに真面目で責任感がある。そうしたあたりは、親父の血をしっかり引いとるなあと思います。

母は、九十歳近くまでベッドの上で編み物をしとりました。いろんな色の毛糸を使ったカラフルなチョッキを、数で言ったら百枚以上作っとったですね。それで知り合いや近所の人に年中配って。もちろん私たちも使っておりますが。

この配色を考えるのが好きでね。半日くらい、母なりにいろいろ考えてしよった。鮮やかな黄緑とか緑系統を好んでよく使っていました。うちの家内は、よく「この毛糸が足らんけん、買うてきてくんしゃい」とか頼まれてました。

正洋も母のチョッキを何枚も持っていて、スライドにして大学で教えるときに使っていたようです。正洋には、この母の色彩感覚が伝わったかなと思います。

いっぺんだけ、東京で正洋と同じホテルに泊まった記憶があるんです。何で行ったかは、もう忘れました。

一緒の部屋に寝ていて、ひょっと夜中に目を覚ましたら、正洋がベッドの上で一生懸命、何か描きよるんですよ。「何しよるんだ、夜中に」と聞いたら、「寝とって思いついたけん、ちょっと描いとこうと思って描きよる」と答えました。夜も考えようばいな、とちょっと感心したことを覚えています。

うちに来たとき、家内の着ているエプロンや洋服を見て「ねえさん、今日よか色着とるね、よか形ね」という会話をよく交わしていました。目を引くモノがあると、A四のスケッチブックを開いてちょこちょこと描いて。

家のいたるところにスケッチブックがありました。気づいたらリビングでも寝室でもその場で描いていたようです。私らが見たら落書きみたいですけどね。

入院してからも、最後の最後までスケッチブックを離さんで。自分の仕事に生涯を捧げたと言うんでしょうか。親父に似て、ほんに仕事に対する責任感がありました。

森敏治（もり・としはる）

1922年、森家の長兄として佐賀県に生まれる。41年から81年3月まで教職（うち軍隊に3年）。塩田町文化財審議委員。

正洋
?誠吾
?導澄子
秀子
敏治
?賢治
美佐緒
文次郎

第二章　かたちを作る

なにを作りたいかというよりも、
いまの世の中にはなにが必要なのか、
なにを作るべきなのか、
それをずっと考えているんだ。

大人が座る椅子をデザインするなら、
高さが四〇〇ミリあってもいいが、
公園のベンチなら四〇〇ミリは絶対高すぎる。
公園には老人もいて、子どももいる。
三〇〇ミリ、場合によっては、二〇〇ミリのほうがうんと寛《くつろ》げる。
サイズは形以前の重要なデザインなんです。
そういうデザイン的な思想、
自分自身の考え方がハッキリしていて、
最終的に形になる。

今の学生たちは、
「きれいなものを作りたい」って言って、
ちっともきれいじゃないものを作る。
体験がないからだね。
体験があっていろいろな形ができるでしょ。
自由だ何だって、生活経験が何もない。
だから何の実感もない。
かわいそうだよね。

アートとデザインの違いは用途があるかないかと言われています。
私にとっては、「用」は重要な表現の要素です。

毎日使っている器はとても保守的で、
なかなか手が出せないものです。
みんながもっとも必要としているもの、
それがいちばん難しいデザインです。

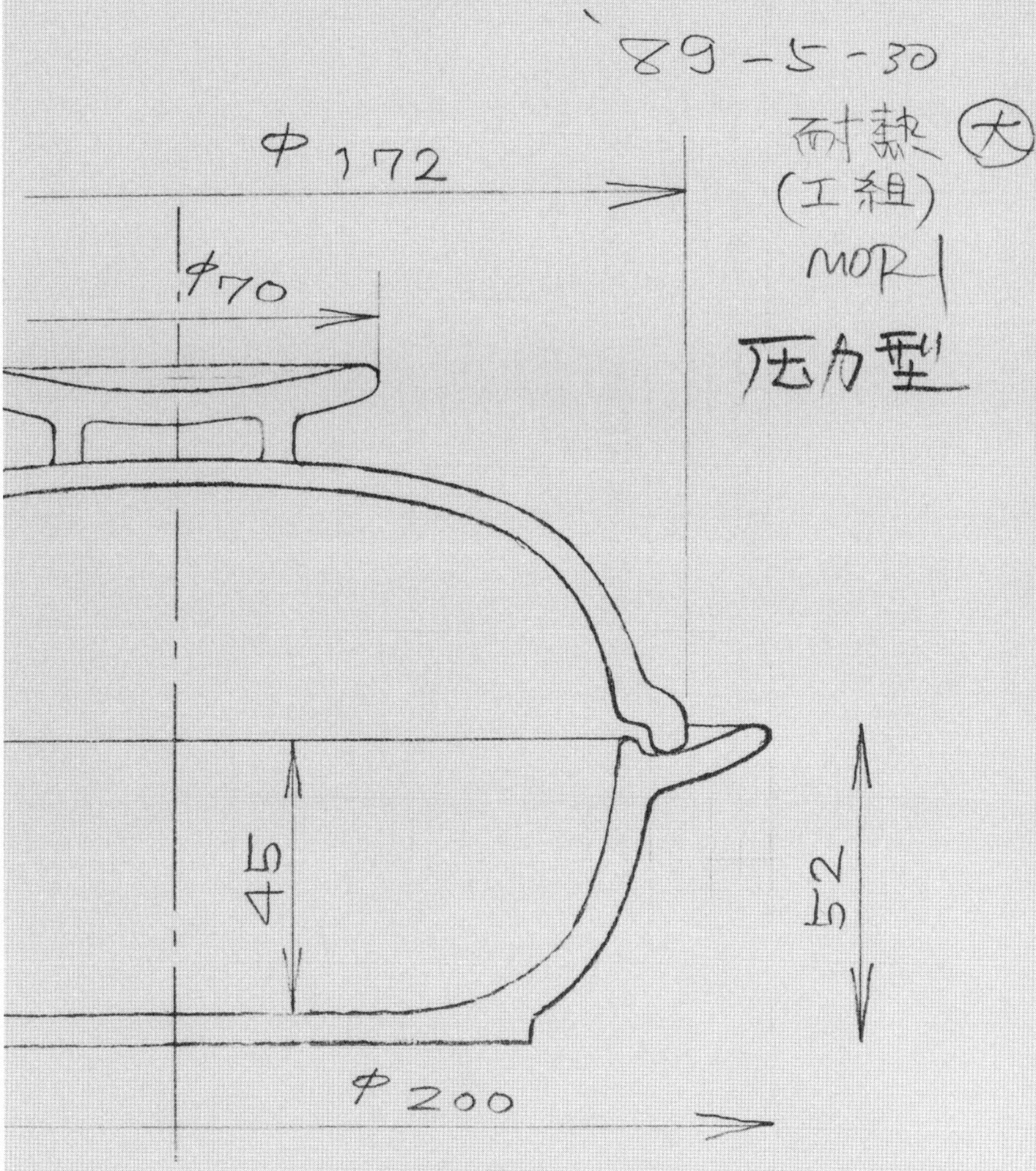

'89-5-30
耐熱 ㊅
(工組)
MORI
圧力型
φ172
φ70
45
52
φ200

「使いやすい物を使う」

「行きたいところに行く」

実生活には線引きやしがらみはない。

作り手が心に境界を持っていては柔軟な発想は生まれない。

何が暮らしに必要か。

それを大切にすれば挑戦はできるはず。

本に頼らずスケッチしてこい。

きちっと寸法を測るのと、
自分の目で見るのと、
両方大事にしないとダメだ。

生活の道具をデザインすることは、
人々の行動や暮らしを道具で規制することになる。

急須の使い方は時代によって徐々に異なってきており、
以前は畳に置いて使っていたから取っ手の角度はかなり鋭角だった。
それが昭和に入ってからはちゃぶ台で使うようになり、
戦後にはテーブルで使うようになった。
当然使いやすい取っ手の角度も必然的に違ってくるわけで、
そこに〝急須の取っ手の角度はこうが当たり前〟
というルールが出てくるんだ。
握って確かめるのではなく、〝鋭角な取っ手の急須は良い〟
という古い既成概念がね。
それを破壊していかなければ、取っ手の角度は変わらないし、
新しいモノは作れない。

ほかの材質でものを作るとき、
リズム感があう工場を見つけることが半分ですね。
その工場が見つかったらなんとかなる。

現在の生産力から物を作り出し、
それで社会生活がなりたっているのだから
必然的に現在の〝かたち〟ができてこなくてはならない。

デザインは、道具に対する考えかたの設計図である。
だから設計図を描く技術がうまくなければ困るのはもちろんだが、
何を設計するのかがよくわかっていないともっと困る。

自分がいいと思ったんなら、
それが手作りだろうが機械作りだろうがいい。

生活の道具は、いつの時代もあくまで量産品でなければならない。

日常生活で使用する大部分の物は、
ただ使えるというだけでは十分でなく、
同時に見て美しく、
持って感じのよい物が要求される。

'86-4-2

完成されたものをまねて、そこから何が生まれるの？

その土地土地の土の性格で、
できる形とできない形があるんです。
あそこの形がいいからといって、
同じ形のものができるとは限らない。
逆に、長く続いている形というのは、
そこの土と暮らしに適している形なんです。

誰がしたと言うことではなく、
大事なことは大きな流れと技術があって、
その流れが大切であるわけです。
それを知らずに情報を持っていない人が、
自分が発明したと言うんです。
はずかしいですよ。
有田の赤絵にしてもそうです。
中国に中央アジアに歴然としてあったわけですから。

単純な形というのは日本の強みなんです。

茶碗を選ぶときに、
茶碗だけ見ないで、箸もあれば箸置きもあって、
テーブルもある。
料理が盛り付けたお皿も来る。
というふうにものを見れば、
どっちかというとちょっと足りないくらいが調和がとれる。

Mit Masahiro Mori präsentiert sich ein japanischer Porzellandesigner, der sich bewusst vom rein traditionell kunsthandwerklichen Duktus abgewandt hat, um sich dem modernen, internationalen Porzellandesign auf der Basis des asiatischen Erbes zu verschreiben. Sein industrieorientiertes Designwerk in Porzellan ist einzigartig in Japan.

Seit dem 17. Jahrhundert liegt in der Präfektur Saga, in der Nähe von Arita ein Zentrum der japanischen Keramikherstellung. Gerade dort wurde Masahiro Mori 1927 geboren. Nach zweijähriger Ausbildung bei einem Töpfermeister 1946–48 studierte er an der Tama Kunsthochschule in Tokio, wo er 1952 sein Examen ablegte. Ab 1956 war er bei der Porzellanfabrik Hakusan in Hasami-machi in der Nähe seiner Heimatstadt beschäftigt, bis er 1978 das *Mori Ceramic Design Studio* eröffnete. Bis heute werden bei Hakusan von Masahiro Mori entworfene Geschirrteile hergestellt und verkauft.

In seinen Arbeiten lässt Mori die serielle Fertigung mit manueller Handwerkskunst verschmelzen und erhält so Porzellan, das den Ansprüchen zeitgenössischen internationalen Designs entspricht. Einige seiner Entwürfe wurden denn auch mit europäischen und zahlreichen renommierten japanischen Designpreisen ausgezeichnet wie das Sojasoßenkännchen, das er 1958 entwarf und das sich noch immer in Produktion befindet. Ein wichtiges Gestaltungsmerkmal Moris ist die keramische Oberflächenbehandlung. Mit den verschiedensten Techniken werden die Oberflächen strukturiert und farbig gestaltet. Dazu stehen Masahiro Mori bei Hakusan bis zu 50 verschiedenfarbige Glasuren zur Verfügung. Zu betonen ist, dass sich trotz serieller Fertigung der Produkte gewünschte Unterschiede in den Details ergeben, meist durch die bewusste manuelle Einwirkung des Ausformenden oder Dekorierenden.

»Masahiro Mori – zeitgenössisches Porzellandesign aus Japan« wurde in das offizielle Programm der Veranstaltungsreihe »Japan in Deutschland 1999–2000« aufgenommen, die sich das Ziel steckte, Japan in Deutschland in umfassender Weise vorzustellen. Dabei nimmt auch das gegenwärtige Kunst- und Designschaffen einen bedeutenden Platz ein.

Das Deutsche Porzellanmuseum in Hohenberg und die Staatliche Galerie Moritzburg Halle, Landeskunstmuseum Sachsen-Anhalt, haben es sich nun zur Aufgabe gemacht, Masahiro Moris Designschaffen, das sich über mehr als 40 Jahre erstreckt und das der Designer mit immer neuen Entwürfen fortführt, zu zeigen. Ein Lebenswerk, das so gar nicht den im Allgemeinen mit Japan verbundenen Erwartungen von traditionellem Kunsthandwerk entspricht: Masahiro Mori ist einer der bedeutendsten Vertreter des modernen japanischen Porzellandesigns mit internationaler Ausrichtung.

■

1 Portrait Masahiro Mori
2 Geschirrserie »Rostige Rillen«, 1960
3 Schalenserie »Eddying Current« (»Wirbelsturm«), 1987
4 Plattenset »Free Plate«, 1981
5 Gesamtansicht des »Weltofenparks«, 1987

形や色は言葉と同じ。
作ってきた製品はすべて僕の言葉なんだ。

毎日使うものであるからこそ、
シンプルで温かみのあることが必要です。

機能性と美しさを兼ね備えたデザインなどとよく言うけれど、
そもそもデザインとは使いやすさを追求し、それを形にしていく作業。
もし使いにくいと感じたら、それはデザインが悪いということ。
〝使いやすく、親しみが持てて、きれい〟
——それが暮らしの道具の原点だと思う。

デザインは失敗の積み重ね。
ひらめきではなく、
いかに自分のものにするかが大切だ。

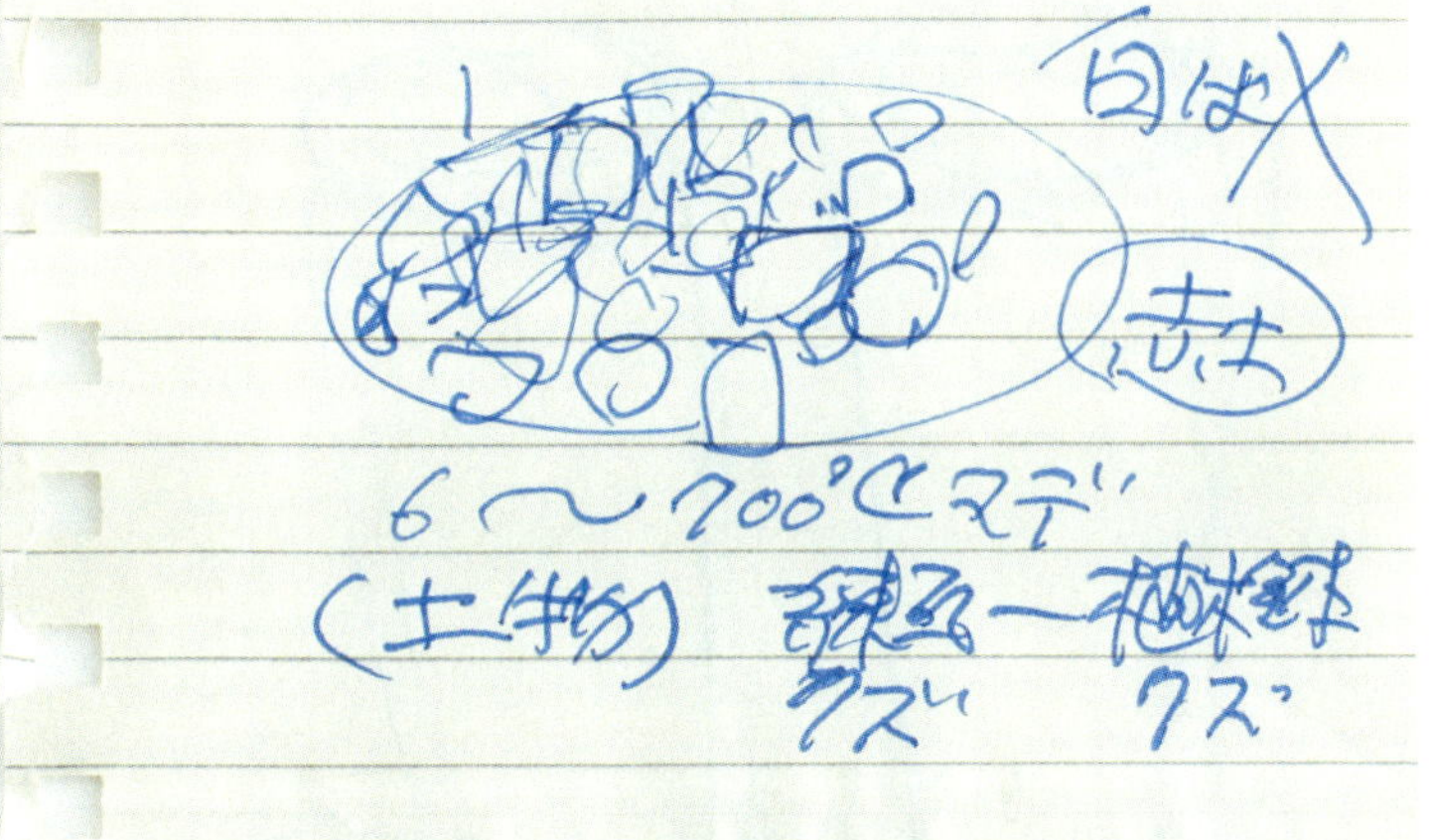
白はX
赤土
6〜700℃マデ
(土中物)
クズ
クズ
800℃
6〜7
赤土ツボ
野焼きモニュメント中央に置いて
'83.8.10

ふだん使うものは、
シンプルなものがやっぱり気疲れしなくていい。

機能といったって、
人間が相当不完全なんだから、九五％でいいですよ。
一〇〇％でなきゃ承知しないなんて神経質な人は、
ものを使わない方がいい。

よいデザインとは、
形がきれいにまとまっているだけでなく、
そのものが持っている機能が十分に果たされ、
材質が吟味され丈夫で使いやすいもの
——それが絶対条件。

ふだん何気なく使っていて、
ふと何かのときにパッと見てみたら
「案外これ、いいんじゃないかなあ」
というようなものが僕は最高にいいものだと思います。

食器をデザインするときは使用目的を限定しないほうがよい。
なぜならば使い方で使う人の個性を活かすことができるから。

デザインとは、
あくまでモノと人との関係のなかで生まれてくるカタチであり、
存在なんだと思う。

談・富永和弘

（白山陶器株式会社 デザイン課長）

富永さんと森正洋さんとのかかわり： 森さんと同じ有田工業高校出身。だが、当時は身近に森さんがいるとは知らなかった。学生時代に森さんと出会い、この人の元で働きたいと白山陶器に就職。休日には、趣味のヨットにたびたびお供した。レースに出るとほとんどビリだったが、一度だけ偶然風をつかんで2位になったことがある。そのときの大喜びする森さんの顔が今も忘れられない。

森先生に怒られた記憶

「世の中に半分は犯されてもいいけれど、半分は犯されるな」

これは、森先生に言われたことで印象に残っている言葉の一つです。現実社会、自分が理想とするものだけを作っていては、メシが食えない。自分が食べるため、工場を維持していくための仕事も半分はやらなきゃいけない。それをやりながら、自分の理想を追い求めないとコケるぞ、と。これは身をもって先生が体験されたことだと思います。

先生の作品集はいろいろ出ていますが、作品集に載っていない茶碗の柄もいっぱいあります。爆発的にヒットしたスイートピーの柄があるんですが、この茶碗なんかは絶対に作品集に載りません。そうやって、先生は工場が稼働するために毎日茶碗の絵柄を描きながら、自分のやりたいことを実現していった。

G型しょうゆさし（一九五八年）ができたときも、最初から順調じゃなかった。当時のやきものは、文様があるのが当たり前。だから、真っ白いしょうゆさしを持っていったときは、産地の問屋さんから「これは絵柄がついとらんやない。半製品だ」って言われて扱ってもらえなかったんです。でも、銀座の松屋に出してみたら、東京の人には喜んでもらえたって。そう先生から聞きました。

当時はまだ、デザインやデザイナーの仕事が広く認知されていなかった。そのなかで、自分が思うような状況を作るのは、レールがないところにレールを敷くような作業だったと思うんです。現場に入って職人さんたちにデザインをわかってもらうだけでも相当な努力が必要だったと思います。

僕たちは、すでに先生が敷いたレールがあるところに入ってきている。そこで、ちょっとでもいい加減なことをするヤツがいたら、先生は容赦なく怒っていました。僕なんか、最初の頃は怒られた記憶ばかりで。泣くほど怒られましたよ。

僕が初めて森先生の洗礼を受けたのは一九八一年、学生時代の夏休みのことです。波佐見にある長崎県窯業技術センター、当時は長崎県窯業試験場と言ってましたけど、そこへ全国の美大生が集まるデザイン研修があったんですね。やきものをデザインして、焼きあげまでひと通り体験するという。その研修へ二年生のときに行って、そこで先生と初めて会って。

授業では、「モノを考えて作る」ことを体験するために、まずはスケッチから始めるんです。スケッチを先生に見せてOKが出れば、試作段階に進めるという流れ。研修生はぜんぶで七、八人いたかな。三日間でクリアする人もいれば、一週間やってもまだダメって言われる人もいる。そうなると、だんだん焦ってくるんですよね。取り残される感じがして。僕は簡単にパッとはできなかったんだけど、最後のほうでやっとOKをもらえて作業に移れた。

そこで先生が一番教えたかったのは、「考えることに時間を投じなさい」ってこと。

プランを固めるまでが、デザインの仕事の八割を占めている。プランがビシッと決まれば、あとは単純に手を動かせばいい。考えるのが八割で、作業は二割だと。ついついみんな作業をやりたくなるけれど、そこを我慢して、もう一丁いいプランはないかって考えないといけない。

白山陶器のデザイン室に入ってからも、描いた図面を先生のところに持っていくときがこれまた大変で。

「こんなに世の中に茶碗がいっぱいあるのに、この茶碗がいるの？」ってそこから始まるんですよ。こっちは、茶碗を作ることを前提に考えている。でも、その茶碗がそもそも必要なのかという原点に返ってもう一度よく考えてみろって。必要だという理由をきちんと説明できない限り、モノは作らせてもらえなかったですね。


先生は、あれこれ細かく指示をしない人。だいたいの指示を出して、あとは自分で考えろという感じでした。

たとえば、試験担当のスタッフに「釉薬や絵の具のこういう色を作って」と頼む。そのときに決して何番の色とは指定しないんです。ただし、そこで一色しか持っていかないと「お前バカか！」って怒られる。何色かバーッといっぺんに持っていかないとダメで。

でも、考えてみると確かに何色か揃えたほうが、話が早いんですよね。一色しか持っていかないと、先生の思うような色ではなかったときにまた探す時間がかかる。何色かあれば、そのなかからどれか一色を先生が選ぶこともできるし、たとえピッタリの色がなかったとしても相手がどんなふうに指示を受けとめているかがわかる。次の指示が出しやすくなるんですね。さらに、そうやって何色もテストさせることで本人の幅を広げたり、現場とのコミュニケーションをとらせたりという意図もあったと思います。

いちばん鮮明に覚えているのは、現場を一年くらいまわって、ようやくデザイン室に配属された頃のこと。

「濃《だ》み」といって、染付の輪郭線の中を専用の太い濃み筆でむらなく塗りつぶす下絵付の技法があるんですが、「ちょっと濃みを練習してみろ」って言われて。僕は絵具を小さな湯呑茶碗に溶いて、ぼろい素焼きを使ってちまちま練習していたんです。

すると、それを見た先生から「馬鹿者！」って怒声が飛んできたんです。

「こんなちっちゃい器に入れてやってても、すぐに終わっちゃうだろ。もっと大きなどんぶりを持ってこい！　練習だけど、本気でやれ！」

練習ってことは、いくら描いてもお金にはならない。でも、会社にいて給料をもらいながら、その練習をしている。だから、それはお前の仕事なんだと。そのことをお前はわかっているのかっていうことです。こんな小さな湯呑茶碗を使ってちょこちょこっと描いて「仕事してます」風じゃダメだ、本気でマスターしろって。時間を有効に使えと、社会人になったばかりの僕に教えたかったんだと思います。

そんなふうに怒鳴られたとき、「僕なりに必死でやってます」とか「一生懸命やってます」なんて返したら絶対ダメ。

「お前、本当に命かけてんのか」と、もっと怒られる。先生は戦争を体験しているから、生きるか死ぬかのリアリティが僕らとは全然違うんです。たいして真剣にやっていないのに、そんなことを軽々しく言うなと返されてしまう。だから、口答えは一切しないようにしていました。

そんなわけで、最初のうちは毎日ビクビクでした。でも、先生と日々お昼ごはんを食べながらいろんな話をしたり、趣味のヨットに誘われて一緒に乗ったりしていると、基本的にはヒューマンな人だってことがだんだんわかってきて。

怒るのってエネルギーがいるじゃないですか。何も言わずにやり過ごしたほうがよっぽど疲れませんよね。だけど、先生は本気で怒る。その根底には「こいつをどうにかしなきゃ」っていう人間愛があったからだと思うんです。ただ単に厳しく怖いだけじゃなくて。

突き詰めれば、デザインって基本的に人間愛なんです。人々が豊かな生活を送れるよう、社会に対して何かを提供していくという行為ですから。だから、優れたデザインを生み出した森先生が人間愛に溢れていたのは、ごく自然なことなんだと思います。

富永和弘（とみなが・かずひろ）

白山陶器株式会社デザイン課長。1959年、佐賀県生まれ。82年、武蔵野美術短期大学工芸デザイン専攻科卒業。同年、白山陶器株式会社デザイン室に入社。90年、九州クラフトデザイン展グランプリ受賞。代表作に、2003年度グッドデザイン賞を受賞した「WAHOU（和方）」など。

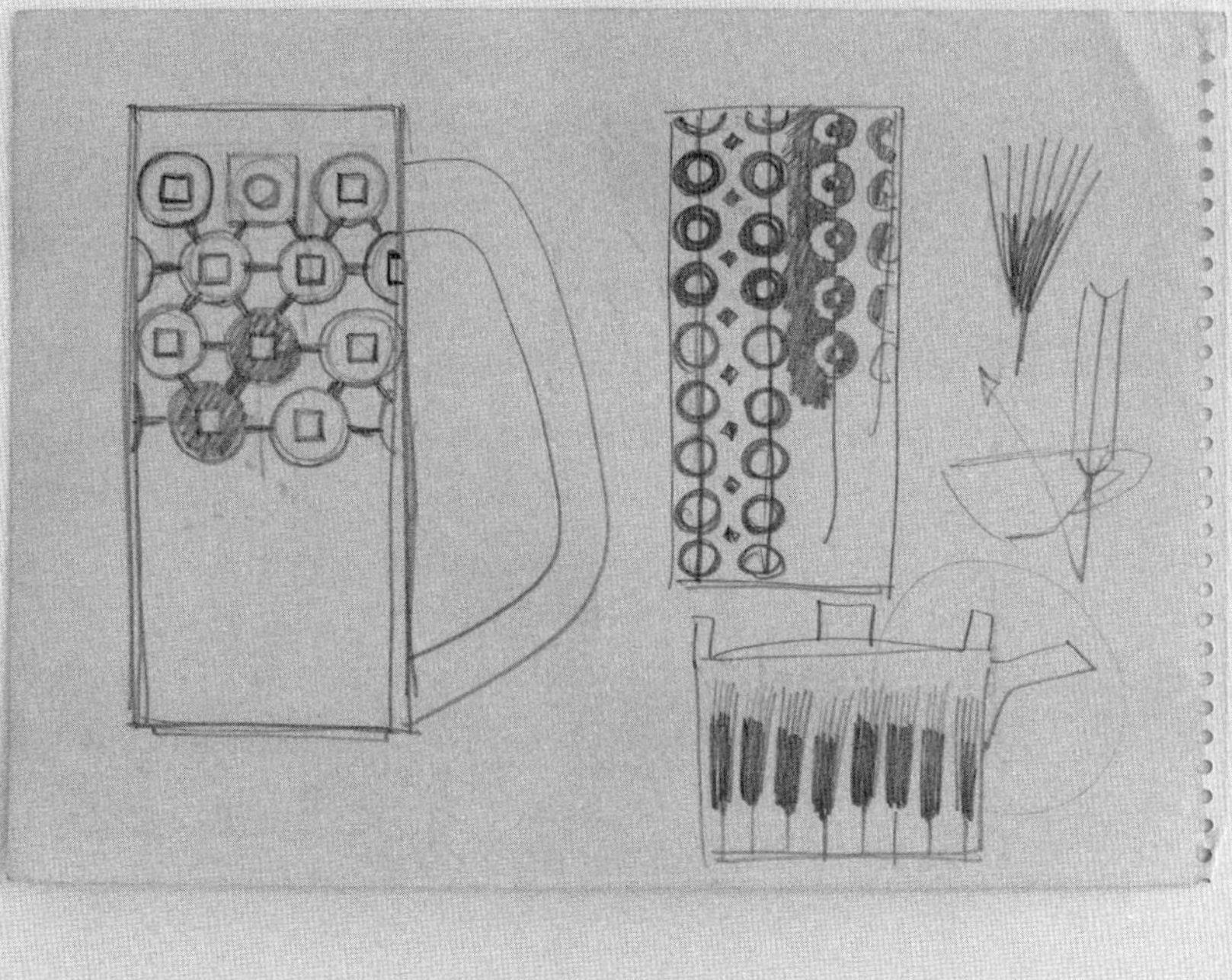

3寸
5.5寸?
小鉢
7寸
6.5寸.
?
?
1
2
4
5

談・福田由希子

（白山陶器株式会社 デザイナー）

福田さんと森正洋さんとのかかわり： 1985年、学生として森さんと出会う。白山陶器に入社してからは、「平茶わん」の制作サポートをはじめ、晩年の森さんのアシスタント役を務めた。森さんに「焼き上がりました」と茶碗のサンプルを持っていくと、パッと取って、眼鏡を外し、ギロギロッと見る。その迫力ある姿が脳裏に焼きついている。

実感から生まれるかたち

私は、有田窯業大学校の授業で森先生に初めて会いました。一年生の後期に受講した製品開発の授業です。

印象に残っているのは、授業が始まってすぐに出された「使用頻度調査」という課題。自分がこの一週間で何を食べたか。そして、そのときにどんな器を使ったかというのを調べて正直に記録するんです。

カップラーメンを食べたんだったら、そう書く。合わせて、器を使わなかったということも書いておく。コーヒーを飲んだら、どんなカップを使ったとすべて記録する。そうして一週間のあいだ記録を続けて、最後にまとめて、この皿は何回使われたとか、このコップは一回しか使われなかったとか、グラフにしていきます。

すると、自分は飲みものを飲むときにいつもこのコップを使っているんだとか、あまりいろんな器を使っていないなとか、いろんなことがわかってきます。それをクラスのみんなで発表し合うんです。この使用頻度調査の課題は、今でもこの学校で受け継がれています。

私が入学したときは学校が設立されてまだ二年目で、いろんな人が授業を受けていたんですね。私と同じように高校を卒業したばかりの子もいれば、窯元の息子さんとか、大学を出てそのあとに仕事を辞めて入学した人とか。年齢も十八歳から三十代半ばの人までバラバラで。実家から通っている人もいれば、一人暮らしの人もいて、家族持ちの人もいる。すると、人によって使っている器が全然違うんですね。

私の場合は、祖父母も一緒に暮らす大家族だったので、とにかく毎回使う食器の数が多かったです。お米を家で作っていたので、基本的に三食ごはん。ごはん茶碗の使用頻度がかなり高かったですね。でも、一人暮らしの子だと、器の数は少なめで、どんぶりを使うことが多かったり。家族形態や世代によってバラエティがあるんだなあと思いました。

当時はそれほどピンときてなかったと思うんですけど、仕事をやっていくうちにこういうことって大事なんだなって思うようになりました。たとえば、若い頃はたくさん飲んでたくさん食べていても、だんだん歳をとってくると「量より質」になってきて。それで、もうちょっとサイズダウンしたお皿がほしいなと思ったり、このお酒もあのお酒も飲みたいから、小さめのグラスがいくつかほしいなと思ったり。暮らしかたが変わると、必要な器のサイズも種類も変化する。それが実感としてわかってくるようになりました。

自分の足元を見つめることが大事だってことを、先生は学生のうちに体験をさせようとしていたんだと思います。器を作ろうと思っている人間が、インスタント食品をそのままの容器で食べていていいのかということも含めて。

先生は情報収集にも熱心で、科学雑誌から婦人雑誌まで目を通すことはもちろん、日常の何気ない会話を通じて会う人、会う人から生の声を拾っていました。工場で働く人たちやご近所の方々、入院したときは看護師さんからも。「今の看護婦さんは家事と仕事の両立で忙しいから、ネットで商品を買っているらしい」なんていう話も先生から聞きました。

先生は愛知県立芸術大学に教えに行っていましたが、学生たちから誘われて、ときどきスキーにも行ったそうです。そんなときも、車中やスキー場で流れている音楽に耳を傾けているんです。若者の間で今、どんな音楽が流行っているのか、私よりよっぽど詳しくて驚かされることもしばしばでした。


日常の感覚を大切にしている先生は、人に教えるときも的確でわかりやすい表現を使っていましたね。

ある遅い春の、お花見の席でのこと。もう葉桜になった枝が下の方まで伸びていたんです。先生はそれを見て、「ほら、葉のつき方を見てごらん。全部の葉っぱに陽が当たるようにうまーく枝についているんだよ」と。バランスの取りかたを自然から学ぶように、と教えてもらいました。

そういえば、こんなこともありました。平茶わんの模様で、タマネギのような絵柄があるんですけど、絵付をしてくれる人がサンプルを見てキッチリした線で描いてきたんです。先生のところに持って行ったら、「ちょっとこの絵はいけないよね」って言って。どんなふうに伝えたらいいんだろうなあって考えてたら、先生がこんなふうにおっしゃったんです。

「栗の上のところがきゅうっと寄った感じに描いてほしいんだよ。タマネギとかもキュッとなってるだろう」

それを絵付した人に伝えたら、「ああ、そうなんですか」って納得してもらえて、こちらが思ったように描いてもらえるようになりました。今でも、その絵を描いてもらうときは、そう説明しています。

一本の線を引くときは「植物がするするっと伸びて育っていくような感じに」。習字で「二」って書くときは、「ここに点を置いてひといきに横に引っぱって、最後にためて筆をすっと上に引いて書くだろう。ダラーッと終わらないように」などと、気持ちの入れ具合を教わりました。

そんな先生の影響で、私も自分なりにたとえを工夫して、わかりやすく伝えるようになりました。

たとえば、点々をびっしりつめた模様を描くときは「縦、横に行儀よく並びすぎないよう、豆をバラッと散らしたみたいにうまーく散らして描いてくださいね」などと説明して。そうして絵付の人に納得してもらえると、「あー、よかった」と思います。心の中で「先生、うまく説明できたかな、納得してくれたからよかよね」って。

先生はいつも、ご自身が作るモノに対してハッキリとした完成形のイメージを持っていらっしゃいました。南天の実ような赤色とか、瓜のような張りのある形とか。

それをどこまで伝えられるか。単に見た目が同じならいいというのではなくて、こんなふうに力をかけて描いてほしいというニュアンスまできちんと伝えたい。そして、森先生が残したものを大切に守っていきたいです。

福田由希子（ふくだ・ゆきこ）

白山陶器株式会社デザイン室勤務。1967年、佐賀県生まれ。87年、佐賀県立有田窯業大学校卒業後、白山陶器株式会社デザイン室に入社。97年九州クラフトデザイン展新人賞、98年ながさき陶磁展陶業時報社賞受賞。

談・山田節子

（ライフスタイルコーディネーター）

山田さんと森正洋さんとのかかわり：松屋銀座とコーディネーター契約が始まった1972年頃に森さんに出会う。松屋で開かれるデザインコミッティーの会合に出席するため、上京していた森さんと言葉を交わす機会に恵まれた。森さんから「君は同志だから」と言われ、気の置けない付き合いが続いた。2001年、松屋で「粟辻博・森正洋・柳宗理三人展」を企画推進。

森さんと松屋銀座

私は学生時代から柳宗理先生の事務所に出入りをしていて、柳先生が「森君は本物だね」という言葉を何度か耳にしていました。その森先生に出会えたとき「君も多摩美なの？」と気さくに話しかけていただけて嬉しかったですね。それから松屋で開かれる日本デザインコミッティーの会合にいらっしゃる折、よく話をさせていただきました。

日本デザインコミッティーは、一九五三年に国際デザインコミッティーの名称で発足し、日常の暮らしによいデザインを広めるための熱いデザイン運動としてスタートしています。当時まだ三十代だった勝見勝、亀倉雄策、剣持勇、清家清、丹下健三、渡辺力、柳宗理、岡本太郎といったデザイナーや建築家などが集り、ボランティア精神で結成されました。

さらに五五年にはその啓蒙の場として、デザインコミッティーが選定するデザイン商品を展示、販売するデザインコレクション（当初の名称はデザインコーナー）が松屋銀座に開設され、日本で最初のデザイン商品売場がスタートしたのです。

森先生は、六〇年に「G型しょうゆさし」で第一回グッドデザイン賞を受賞され、六五年から委員になっています。森先生いわく「二ヶ月に一回デザインコミッティーの会合に出るのが、本当に貴重な時間と体験なんだ。これがなかったら今の僕はなかったかもしれない」と語っていたのを覚えています。

当代一線の方々と顔を合わせ、デザインについて語ることは、産地メーカーに在籍して、アドバンスな精神でデザインを続けてこられた先生にとってかけがえのない、心の支えだったんでしょうね。いつだったか、冗談めかして「僕は、選定会だけは一度だって白山のお金で来たことはないよ」と言われていました。時間と自分のお金を使い、毎回出席される。だからこそ、企業の論理や地域の常識が優先する産地のなかで、まっすぐな精神で戦い続けることができたのでしょうね。

七〇年代から、私はモダンデザインを扱う店舗や、松屋の店頭で、ディスプレイ等を手がけることも多く、斬新で時間がたっても新鮮さを失わない森先生の器に助けられました。

印象に残っているのは、パーティートレイ。最初に発表されたA型パーティートレイ（七六年）は、台形と三角形の皿を組み合わせると正方形になる六枚一組の組皿です。これをスカンジナビアの大きなテーブルの上に並べて、ナプキンを立てたり、フォークを置いたりすると、「こんなふうにして人を呼びたい」、そして「楽しみたい」という生活像が湧いてきます。

ファンシーカップ（六九年）もよく使いました。表面にそれぞれ違った凹凸がついている、あのユニークな形のカップです。これを並べると、突然食卓に夢が生まれる。当時、どこからこんな不思議な発想が生まれるのかと思ったものでした。

じつは、このファンシーカップについて、三十年後、森先生から思いがけず誕生のいきさつを伺う機会がありました。

二〇〇一年秋、二十一世紀への伝言として、半世紀にわたるデザインコーナーのなかで使い手に支持され続けたデザイナー「粟辻博・森正洋・柳宗理三人展」を開催し、会場でトークショーとして、森先生に忌憚のない質問をさせていただいたときのことでした。

「ファンシーカップは、一昨年（九九年）、松屋でユニバーサルの売場を立ち上げた時、商品選びに苦慮するなか、もっとも、松屋らしい本物のユニバーサルデザインとしてお世話になりましたが」と私が質問を始めたところ、その言葉をさえぎるように、森先生は「君、そんなこと知らなかったの」と、当然だよと言わんばかりに話してくださったのでした。

森先生の遠縁にあたる女優さんが、突然目が見えなくなり、ご家族から「華やかな舞台から急に離れ、生きる意欲を失い落ち込んでいる。元気がでるようなモノを何か作ってほしい」と、頼まれた。そこで毎朝違う形の器にふれることで、昨日とは違う今日が始まる。変化していくという感覚を楽しめたらと考えたんだよ」とのこと。

森先生のモノを生み出す力、その深さ、温かさ。機能が確かで、斬新さを失わぬ森デザインが生まれる極意でした。

もう一つ忘れられないのはバブルがはじけた翌年、一九九二年に松屋のデザインギャラリーで開かれた「森正洋めし茶わん」展です。初日の開店前、言葉にならない感動を覚え、「先生すごい」と、先生と抱き合って喜びました。

九〇センチ角の白い台の上に、それぞれに整然と十六個ずつ並ぶめし碗。白から始まり、グレー、錆、ルリ、天目、赤、黄、など、先生がこれまで研究してきた釉薬の色生地に、色釉薬をかけ合わせて文様を描き出した、一四四種の「平茶わん」。その多様さは洗練されたファッションカタログのようでもあり、現代アートのようでもありました。

先生に「どうしてこの形に?」と伺うと、「椀型、くらわんか型、平型の三種類の原型を三年間持ち歩き、行く先々で若い人たちに〝どの茶碗で食べたい?〟と尋ねたんだ。不思議なんだが、一番めし碗らしくない平型で八〇%以上が食べたいと言うんだよ」と先生。「何でだと思う?」と聞かれ「今は飽食の時代で、ごはんを沢山食べることより、いろんなものをちょっとずつ食べます。口が広がっている器に少しごはんを盛るほうがおいしそうに盛れるからでしょうか」と答えると、先生は「そうなんだね、みんなにもそれがわかるんだね」と。

この展覧会ほど、お客さまの滞留時間が長く、良く売れたことはありません。みんな楽しそうに「これをお母さんの茶碗にしよう」、「キミはどれが好き?」と、お父さんのは、あっちにしよう」、「キミはどれが好き?」と、売場に連日会話が溢れました。

めし碗の平均価格はその頃、百貨店では八〇〇円前後に対して、「平茶わん」は二五〇〇円。なのに、三週間の会期中に二六〇〇個くらい売れました。これはデザインギャラリーでも、食器売場でも想像を超える出来事だったのです。

バブル崩壊直後で、銀座に初めて安売りの紳士服の店が出店し、百貨店のなかにもその流れに迎合する空気すらありました。そこへ「平茶わん」が、たとえ値段が高くとも、多品種少量の良心的で良質なものは支持されることを示してくれた。この事実は、どれほど心強い重要な出来事であったことか。

あの展覧会を思い出すたび、今でも「森先生に真直ぐ歩こうよ」と背中を押してもらっていると感じます。そして、「平茶わん」は変わらずお客さまに支持され続けています。

山田節子（やまだ・せつこ）

株式会社トゥイン代表、株式会社東京生活研究所顧問。1943年、長野県生まれ。66年、多摩美術大学卒業。74年、山田節子事務所設立とともに、松屋銀座と業務契約。88年、トゥイン設立、東京生活研究所ディレクターに就任。ものづくりや店舗、催事企画などを手がけている。著書に『和の暮らしが好き』（世界文化社）、『生きるお中元お歳暮』（淡交社）、『もう一度座りたい』（文化出版）など。

談・織田了悟

（円福寺 前住職）

織田さんと森正洋さんとのかかわり： 龍谷中学校に通っていた旧制中学時代に、汽車の中で共通の友人を介し、有田工業学校に通う森さんと出会う。以後、通学仲間として親交を深め、お互いの家を行き来する仲に。森さんがデザイナーとして活躍するようになってからも変わることなく、終生の友情を築いた。10代の頃の森さんを知る数少ない1人。

森くんを支えた「万機普益《ばんきふやく》」の教え

初めて森くんと会ったのは、昭和十七（一九四二）年かな。私は佐賀まで、彼は有田まで通学。共通の友人を介して、汽車の中で知り合いました。

その時分は、軍国主義まっただ中の暗黒時代。

とにかく、ものを言えば殴られる。まわりは乱暴なヤツばかりでね、世の中に対して批評的な眼を持っているヤツは変人だと見られてました。そんな時代だから、多少とももものを考えている人間と会うのが非常に楽しみで。森くんとは、お互い自由に好き嫌いをぶつけ合える間柄でしたから。

みんなで学校をさぼって途中下車して、音楽の先生のところにレコードを聴きに行ったり。いろんなとこに遊びに行っては、タダ飯ばっかり食ってました。

それから私は京都の大学に進み、彼もあとから多摩美に行って。卒業後、彼はしばらく東京に留まって、学習研究社に勤めてました。この経験は、非常に勉強になったようですね。

副教材の美術スライドを作っていて、有名な国宝の壺を写したものを、わざわざお土産に持ってきてくれたことがありましたよ。そうそう、「小学校に行ってパチパチ写真を撮って、今流行っている色を探すんだ」なんて話もしてました。

あるとき、いつものように近くの墓場を散歩して、石塔に腰かけていろいろとしゃべっていたんです。するとと、森くんが突然「これよか、もろうとこうか」って。古い墓に供えてあった、水の入った湯呑をひょっと取った。墓にある湯呑ですから、高級品でも何でもなくて、有田かどこかの市で買ってきたような代物ですよ。

で、その湯呑に着想を得たのが、格子の交差したところに点々が描かれている染格子というシリーズ（六二年）。持っていった茶碗は、垣に朝顔が這っている伊万里の伝統的な柄なんですけど、彼がデザインすると驚くほどハイカラになるんですよ。

それから何年もたって、忘れた頃に「あんときの茶碗ば返しに来た」と、白山陶器の立派な湯呑を持ってきたんです。まあ、その誠実というか、実直な人柄を想い出します。

あと、灰皿も彼らしいデザインでしたね。六〇年頃までは、煙草がないときは拾って吸うのが当たり前。

「下宿におって、男の子なんか、まともに灰皿なんか持たないよねえ。茶碗があれば、灰皿にもなるし飯碗にもなるし」

彼はそう言って、火をつけたまま煙草をのせておくための凹みを取り、今までにないシンプルな形にした。生活の実態を踏まえたモノでないとダメだっちゅうことです。「生活を離れたデザインは価値がない」というのが、彼の口癖でした。

彼が最後まで嫌がっていたのは、「芸術家」と呼ばれること。「デザイナー」という言葉がいちばんピッタリきたんでしょうね。当時流行していたパリ帰りのような格好をすることは好まなかったですね。逆に陶芸家然として、わざと木綿の作務衣みたいなのを着るのも嫌いで。「ディスカバー・ジャパン」のポスターみたいだって揶揄してました。

若い時分、賞をもらったりすると、まず初めに私に報告しにきてました。当時は、ほとんど無視されてましたから。

いちばん初めは雑誌『芸術新潮』だったかな。長崎県窯業試験場に勤めていた頃に試作した、五島白土を使った丸いしょうゆさしが写真入りで載ったんです。

岡本太郎さんがたまたまこれを見つけて、日本デザインコミッティーの定例審査会に持ち込んだ。岡本さんは「たぬきみたいだね」と言ったらしい。「注《つ》ぎ口が悪い」とかいろいろ言われたけれど、「これだけ言われるということは、しっかりしたしょうゆさしに近づいたということだ」と考え、このしょうゆさしを改良して「G型しょうゆさし」を作った。それで、みごと六〇年に第一回グッドデザイン賞をとりましたからね。

彼は美術、私は仏教を学んできた。それぞれ違うことを話して、言葉が通じるときもあれば、通じないときもあった。でも、それがかえってお互いにとってよかったんでしょうね。

寺に「万機普益《ばんきふやく》」という仏教用語が書かれた額がありまして。「みんな、すべての者がいいように」という意味なんだと、その昔、森くんに話したんですよね。そうしたら、死ぬちょっと前だったかな、この言葉にとても感銘を受けたというようなことを聞かされました。

デザインは作家作品と違い、会社も製品として売らなきゃいけない。流通も儲からなきゃいけない。消費者も値段以上のものを得なきゃいけない。デザインは、すべての人にプラスにならなければいけない。それをこの言葉に教えてもらった、と。

以前、森くんが優秀な大学の学生たちに向かって「頭のいいヤツはダメなんだよね」と言うの聞いたことがありまして。ただ、これは単に人の悪口を言っているんじゃないんだよね。

仏の教えに、「世知弁聡《せちべんそう》」という言葉があります。仏法に耳を傾けるのを妨げる「八難」のうち、その七番目にあたるのが「世知弁聡」です。目先の利いた、いわゆる世渡り上手な秀才型は度しがたい、ダメだという意味。森くんの言葉の背景には、「人間としてダメなやつは、デザイナーとしてもダメなんだ」という意味が込められていた。こんなところにも、仏教の影響が表れていると思いますね。

一九九三年に倒れて弱ってからは、死の自覚があったんでしょうかね。ある日、ふらっと「オレが死んだら、お前、葬式してくれ」というようなことを言いに来た。けれど、私は「森家には森家の檀家寺があるから、葬式はせんばい」って。ならば「法名をつけてくれ」と頼まれました。

浄土真宗では戒名と言わず、「釋《しやく》」から始まる三文字の法名をつけます。そこで、「正洋」の「洋」を容器の「容」に変え、「釋正容」とつけました。器を作りよったし、人間というものは器が大切ですから。音で読めば、「正洋」も「正容」も「しょうよう」で同じ。単純な話です。紙に書いて渡したら、「ありがとう」と言って、そのまま持って帰りました。

最後、集中治療室に入っているときに見舞ったら、彼はベッドの上でもデザインをしてました。それで、ハッと私に気づいて、「おう、生きとったかい」って。集中治療室の中から。

「亡くなりました」という電話があったときは、ほんとに泣けました。とにかくまじめで、誠実な男でした。寂しいです、やっぱりああいう人間がいないと。

織田了悟（おだ・りょうご）

佐賀県嬉野市の浄土真宗本願寺派円福寺前住職。1929年、佐賀県生まれ。龍谷中学校（現・佐賀龍谷高等学校）を経て、47年に京都の龍谷大学に入学。卒業後に郷里の寺を継ぎ、円福寺住職を務める。

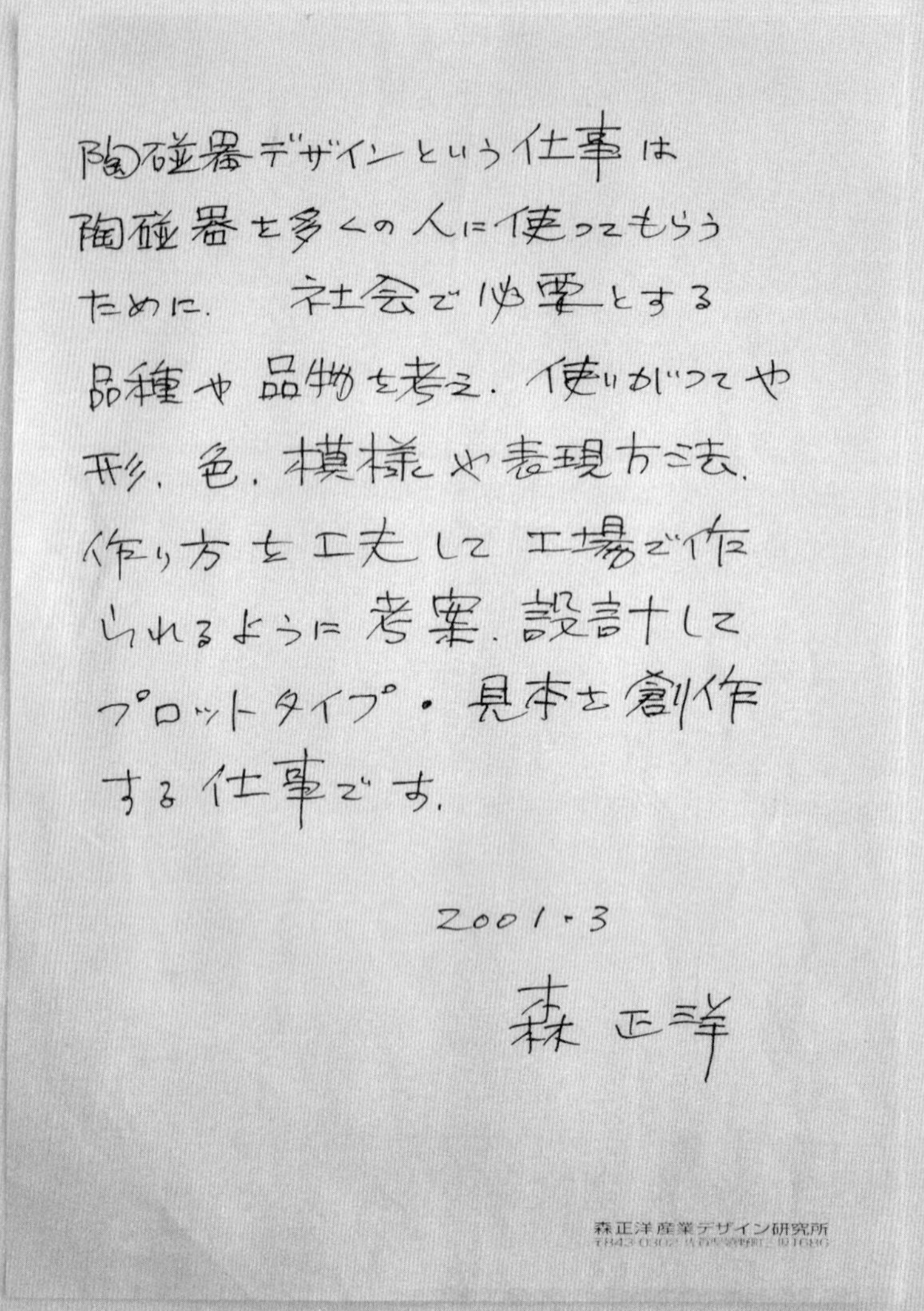

陶磁器デザインという仕事は
陶磁器を多くの人に使ってもらう
ために、 社会で必要とする
品種や品物を考え、使いがってや
形、色、模様や表現方法、
作り方を工夫して工場で作
られるように考案、設計して
プロットタイプ・見本を創作
する仕事です。

2001・3

森正洋

森正洋産業デザイン研究所
〒843-0302

第三章　社会の中のデザイン

人間が、
自然の材料に手を加えて何か作ろうとした時から、
広い意味でのデザインが始まる。

生活が変わってるのに
ものだけ変わらないなんてことはない。

デザインが商品を飾る衣しょうのように考えられ、
例えば、着せ替え人形の着物のようにその時々に応じて、
やれ花模様がいいとか、やれ縞模様、
いや色無地だとか着物の変化にばかりうつつをぬかして、
安直に目先の利益ばかり気をとられているあいだに、
それを作る土壌が弱体化し、
物を作る根本的な考えさえ忘れがちになる。

問屋の営業は、既にあるものの話ばっかりする。
新しいものって市場にあるわけないじゃない。

MORI

市場が飽きる、
そして、もうひとつは売る方が飽きるってのが結構ね、多いんですよ。
使う方は、そう問題にしていない。
けども、売る方が飽きちゃってね。
変えればこう、あと一割でもね、こう、伸びるんじゃないかとかね。
もう、それでチェンジやるんですよ。

ものを作っただけでは、ものは社会には出ていかない。
流通や、使う人の応援とかがないと。
使う人の応援はなかなか直接は来ませんが、
たとえば婦人雑誌に取りあげられて、
「これはいいいんだ」という推薦をしていただく援護射撃があって、
そのものがずっと広がっていくわけです。
共同作業でものを作りますが、
作られたものが消費者へ出ていくところもまた共同作業なんです。

公共の空間や公園などのオブジェでも、
人間の生活になんらかの影響を与えなければ、
それはただの粗大ゴミなんだ。
〝日常〟のなかで人間は生活しているのだから、
まずはそこを豊かにしていくべきなんだよ。

安価な輸入品と対抗できるのは
時代を先取りするデザインしかない。

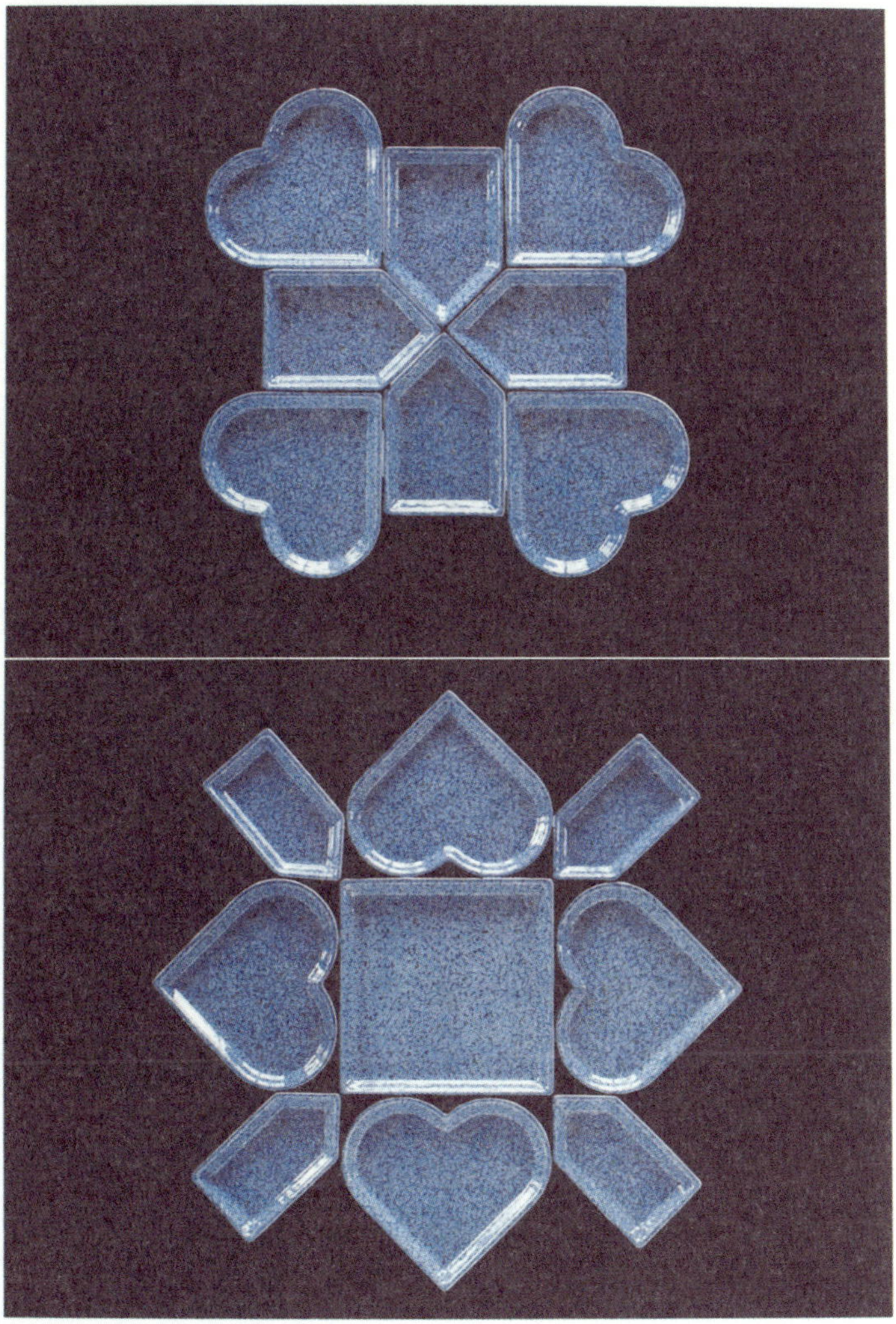

ものがあり余ってるのに値段だけ下げて、
無制限に作っていくなんて、
そんな馬鹿なことやめろって言ってるんだ。

ものを通じて自分のメッセージを社会に出す、それがデザイン。

伝統は変えていかないと干からびてしまう。

これだけカレーを食べ、肉を食べる時代になったら、
産地自身が多少変わっていかなければいけない。
伝統とぶつかる点も当然出てくるわけですが、
その辺の判断はデザイナー自身の企画といいますか、
もちろん社長もひっくるめて会社全体で、社会に対して、
いま私たちが何を提供すべきかということを考えないといけない。
言葉で言うとややこしく難しいことになりますが、
簡単に言えば
「カレーライスを食うのに
いつまでたってもこの形でいいのかい?」
ということです。

本来デザインというのは、すべていままで言う
〝ユニバーサル・デザイン〟でなければいけないんだ。
それはもともとデザインの底辺になければならない要素であり、
昔からある慣習やルールというものを
ある程度破壊していかなければ生まれない。

20

デザインとは、デモクラシーなんだよ！

なぜあなたは物を創りたいのか、
それも生活に必要な道具類を、
そのことをいつも考えることが社会から遊離することなく、
物の密度をあげ、また埋没することなく、
指導力を発揮するデザインを生む原動力になる。

一度作ったものを捨てないで置いておくんです。
そしてこれは捨てましたと言わせないんです。
抱えておくんです。
抱えておくだけだったら何もコストはないですから。
それと同時に社長にはアイデアのあるときに作らせてくれと言っています。
会社の理由でこういうものを作ってくれと言われても、
一所懸命作ってもできないときはできないものがあるんです。
だから何かアイデアが出た時にどんどん作っておけば、
出番が来た時に出せばいいんです。

よく付加価値、付加価値といわれますが、
デザインというのは付加価値ではなくて、
そのもの自身がまず最初に
「あるかないか」
というところから問わねばなりません。

マーケティングに騙されるなと言いたいです。
世の中にない本当に欲しいものを作曲しろということです。
創作は作曲と同じことなのです。

デザインというのは、
自分勝手につくるもので、
自分の好みの音楽を形にするみたいなこと。
でも、対社会との問題がいつもくっついてくる。

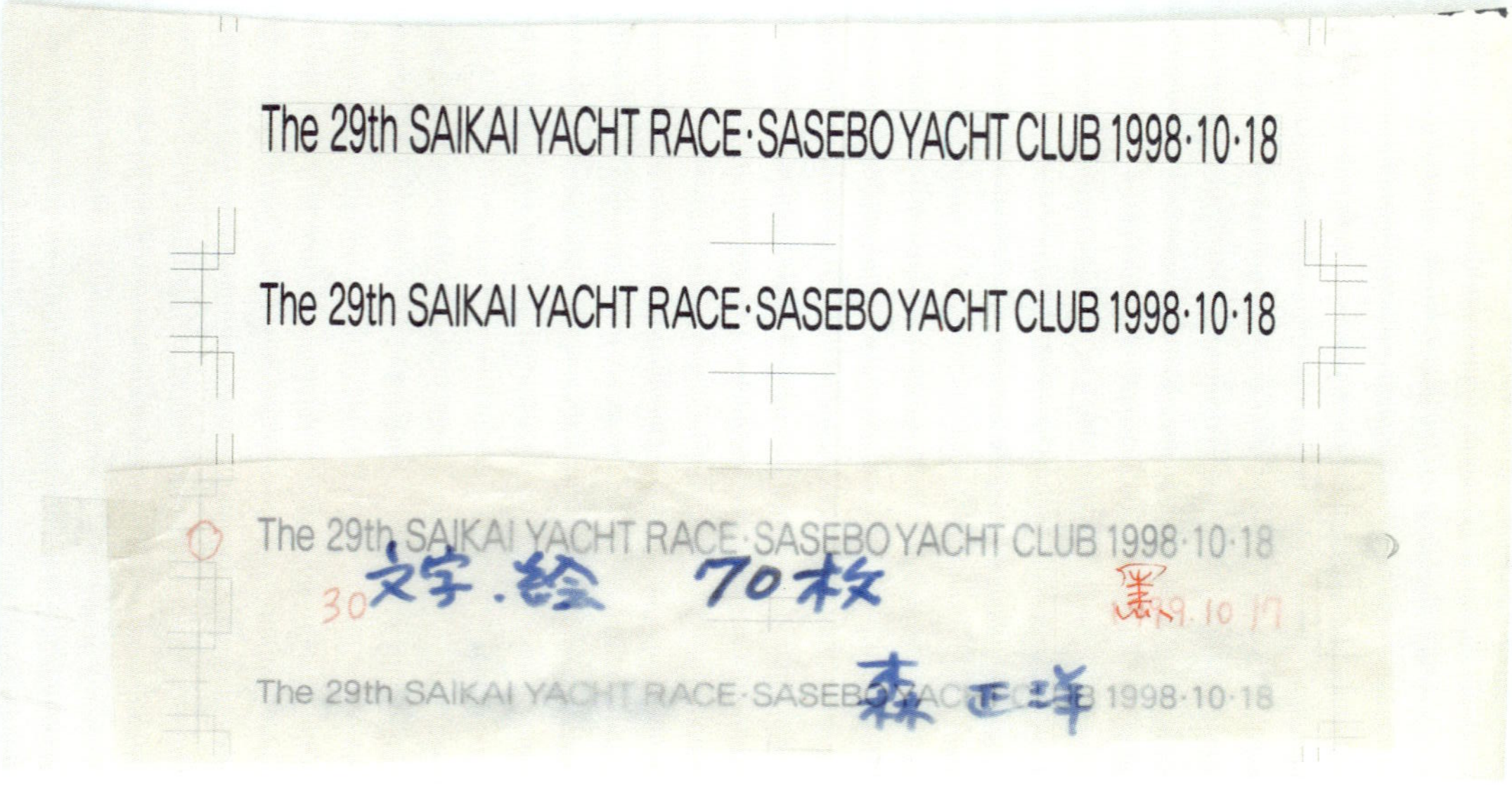
The 29th SAIKAI YACHT RACE·SASEBO YACHT CLUB 1998·10·18
The 29th SAIKAI YACHT RACE·SASEBO YACHT CLUB 1998·10·18
The 29th SAIKAI YACHT RACE·SASEBO YACHT CLUB 1998·10·18
30 文字.絵 70枚
The 29th SAIKAI YACHT RACE·SASEBO YACHT CLUB 1998·10·18
森正洋

世の中に半分は犯されてもいいが、
半分は犯されてはいけない。

産地が産地として生きるには、
既製品だけではどうにもならない。
どこにもない、新しい製品がいる。
それを生みだせるのはデザイナーだけである。

生活は日々に変化していくので、
本質的には、「物」そのものではなく、
「物のありかた」を考える方向、
角度が最も重要な開発の姿勢ではないか。

一般的に使用される品にこそ、
質の向上と現代生活に対応する感覚的脱皮がなされなければ、
展覧会などで見られる一部の物にそれがなされても、
未来における大衆生活の潤いはありえない。

創造にはどこかで破壊がともなう。
社会のどこかを破壊しない限り、
新しいものは出てこない。

談・木原長正

（有田焼産地商社 株式会社キハラ 社長）

木原さんと森正洋さんとのかかわり：森さんの商品を扱っていた父親を通じ、20代半ばに森さんと出会う。以後、生涯にわたりよき話し相手に。森さんと会うのは、いつもお互いに仕事が終わった夜9時くらい。仕事の話はほんのわずかで、大半は森さんが体験談や人生論を語っていたという。話がなかなか終わらず、夜中の1時まで話し込むこともしょっちゅうだった。

業務用食器のデザイン

うちの親父は、有田焼の卸と販売をやっていまして。森さんと親父とは、森さんがモノを作り始めた昭和三十年代（一九五五〜）からの付き合いです。親父はもともと軍人で、とにかく単純明快。森さんと知り合ってからは、森さんの商品を市場に送り出すメッセンジャーボーイの役目を徹底的にやった人でした。

昭和五二（一九七七）年、私は大学を卒業して有田に戻り、父の仕事を手伝うようになりました。その翌年に、リンガーハットという長崎ちゃんぽんのチェーンと取り引きが始まりました。

取り引きが始まってしばらくして、リンガーハットから「子ども用のどんぶりを作りたい」という話がありました。親父が「森さんに相談に行け」と言うので、当時まだ二十四、五だった私はよくわからんまま、森さんのところへのこのこと出かけていったんです。

そのときのことはよく覚えてますよ。波佐見に波佐見陶磁器工業組合というのがありまして。その会議室みたいなところで、話を切り出したところ、大声で怒鳴りあげられましてね。当時森さんは五十歳を過ぎた頃で、いちばん勢いがありました。しかも、あとから聞けば、白山陶器以外で仕事をするのはこの依頼が初めてだったそうです。そんな大それたことを、ほとんど面識のない若者が頼みにきた。

森さんは話を聞き終えて、「わかった、引き受ける」と。「ただ」と前置きしてから、「お前が頼みにきたから俺は引き受けるんじゃない。お前の親父に頼まれたから引き受けるんだ。勘違いするなあっっ！」。

当時、何もわからずに行った私は、そりゃあもう震えあがりましたよ。

そんな経緯でできあがったどんぶりは、かわいい小鳥のデザインで、その当時は、子ども用食器とは思えないほど斬新でおしゃれなデザインでした。価格の問題などで途中からメーカーが変わったり、素材がプラスチックに変わったり、いろいろと遍歴がありましたが、現在もお店で使われています。三十五年経った今見ても、本当に斬新で、飽きのこないデザインなんです。

どんぶりが完成してしばらくたってから、今度はほかの食器もぜんぶデザインしてくれと、リンガーハットから頼まれました。そこである日、十二×七センチくらいの餃子のタレを入れる小皿のサンプルを作って、森さんと一緒に商品開発会議に行きました。

リンガーハットは、当時はまだそれほど大きな会社じゃなくて、社長自身も会議に参加していました。で、森さんのサンプルを見た社長がこう言ったんです。

「森さん、この小皿をもう少し小さくしてもらえませんか。自分が指定する大きさと、森さんのサンプルの大きさとを比較すると、おそらく年間で使うタレの量がドラム缶3本くらい違うはずじゃ」

その言葉に、森さんはいたく感心しましてね。「家庭用の食器では、まったくそんなことは想像できん。業務用ってものは、そんだけ厳しいのか」と。この会議がきっかけで、グッとのめり込んでデザインしていただきました。

森さんが作ったサンプルは、もともと白山陶器で作っていた形状を応用したもの。家庭用としては問題なく使えるものでも、店舗で試しに使ってみたら、バリバリと割れる。

それを森さんに報告すると、ドラム缶の話がきいているもんだから、「よし、わかった」と。すぐさま、割れにくい形状に変えていただきました。でも、変更していただいたのはいいんですけど、今度はまったく割れんようになりましてね。

割れんとなると、補充の注文がこない。うちとしては少々弱りましたが、それくらい徹底して取り組んでおられましたね。

あとひとつ、森さんとの大きな思い出は、バブルが崩壊した直後の出来事です。

バブルが弾け、日本中の製造業がこぞって中国で生産するようになっていました。当時は中国の技術が良い、悪いというよりも、中国に生産をシフトしないと「時代遅れ」と指差されるような状況でした。

　リンガーハットも他社の例にもれず、とにかく中国でモノを生産したいと言い始めまして。それであるとき、社長さんをはじめ役員さんたちに呼ばれて、「我が社の生産は中国にシフトするから、キミはついてくるかこないか、イエスかノーか言え」と迫られたんです。

　中国で生産するとなると、森さんのデザインがそのまま中国にいくことになる。当然、森さんの許可もいただかないといけない。しかも、有田に生まれて有田に育った私が、なんで中国でモノを作らんといかんのかと悩みました。

　さすがにその場では返答できず、帰ってから森さんに経緯を報告しました。すると、森さんは一言「やれよ」。

　私としては「ここで手を引かざるをえんかな」と覚悟していたので、森さんのこの即答には驚きました。

「有田でできるものをわざわざ中国で作るんだったら、やったらいかん。けど、値段や量の問題を考えたら中国で作らんといかんのだろ。キミがやらんかったら、ほかの誰かがやるだけだ。だから、中国で作ったとしても、キミの有田に対する思い入れは無にならん」

こう言って、「とにかくやれ」と。「自分もちゃんと応援する」と、背中を押してくれました。そして、さっそく中国の技術で実現可能なデザインを考えてくれました。

デザインができあがったら、今度は中国のどこの窯で作るかが問題です。そこで、私が現地に赴き、適当な窯場を足で探してくることになりました。

その頃、森さんはもうずいぶん体を壊されていたので、「自分はちょっと行けんから」と私にビデオを渡しまして。「お前、これで工場をぜんぶ映してこい」と頼まれました。

一回目、二回目では「これぞ」と思う工場に巡り合わず、結局、三回ぐらい中国に足を運びましたかね。そのたびにビデオを撮ってきて、「ここは洋食器の工場だからちょっと無理だと思います」などと、逐一報告していました。

三回目に歩いて探し回ったとき、「ここならいいかもわからんな」と思うところにたどり着いたんです。そのときも窯の様子をビデオにおさめ、「ここはという窯を見つけましたよ」と報告しました。すると、森さんはビデオを見た瞬間に「お前がいいと思ったのは、ここじゃないか」って。

映像で見るのと、現場を実際に見るのとではまったく印象が違うと思うんですが、瞬時に判断されたのにはさすがだなと思いました。そうして、すんなり「ここでやろう」となり、今でもその窯で作っています。


森さんとは腐れ縁と言ったら失礼ですけど、なんかお互いに波長が合ったんでしょうね。

あの怒鳴りあげられた一件から、ときどき「今日、仕事が終わってからオレんとこ来い」と連絡が来るようになりました。それで、月に三回か四回くらい、ご自宅に伺っていろんな話をさせていただくようになりました。

森さんはよく、酔っ払って「有田焼は古伊万里というタダの見本がある。だから、有田の人間はデザインをタダだと思っている」と言ってました。親子ほどではないですが、ずいぶんと歳が離れていたから、本音がポンポン出るんですよ。

特に、有田の割烹食器が大嫌いで。「有田の割烹食器を使っているお店で、領収書をもらわんで帰る人なんておらんだろう。汗水垂らしたお金で食べられないような店で使われているのは、非常に不健康だ！」と怒っていました。

バブルのときは、有田の割烹食器がそれこそ信じられんような値段でバカバカ売れていたんです。

まわりの窯元さんから「なんで木原君は割烹食器を扱わないのか」と言われ続けてきたんですが、うちはまったく扱わなかった。「割烹食器は、いつか絶対に歪みがくる」と、森さんがいつも言ってましたから。おかげでバブルのあとも、うちは被害が割合と少なくて済みました。

今、産地は、森さんの言う「歪み」の渦中にあります。厳しい状況が続いていますが、うちは「有田ＨＯＵＥＮ」という伝統とデザインを融合させたブランドを立ち上げ、好評をいただいています。そんな挑戦ができるのも、もとをたどれば森さんから叩き込まれたことが生きているからだと思いますね。

木原長正（きはら・たけまさ）

株式会社キハラ代表取締役。1952年、佐賀県生まれ。75年に立命館大学を卒業した後、株式会社キハラに入社。2004年より現職。2005年には、自社ブランド「有田HOUEN」を立ち上げ、伝統とモダンが融合した器を提案している。2011年より、肥前陶磁器商工協同組合理事長。

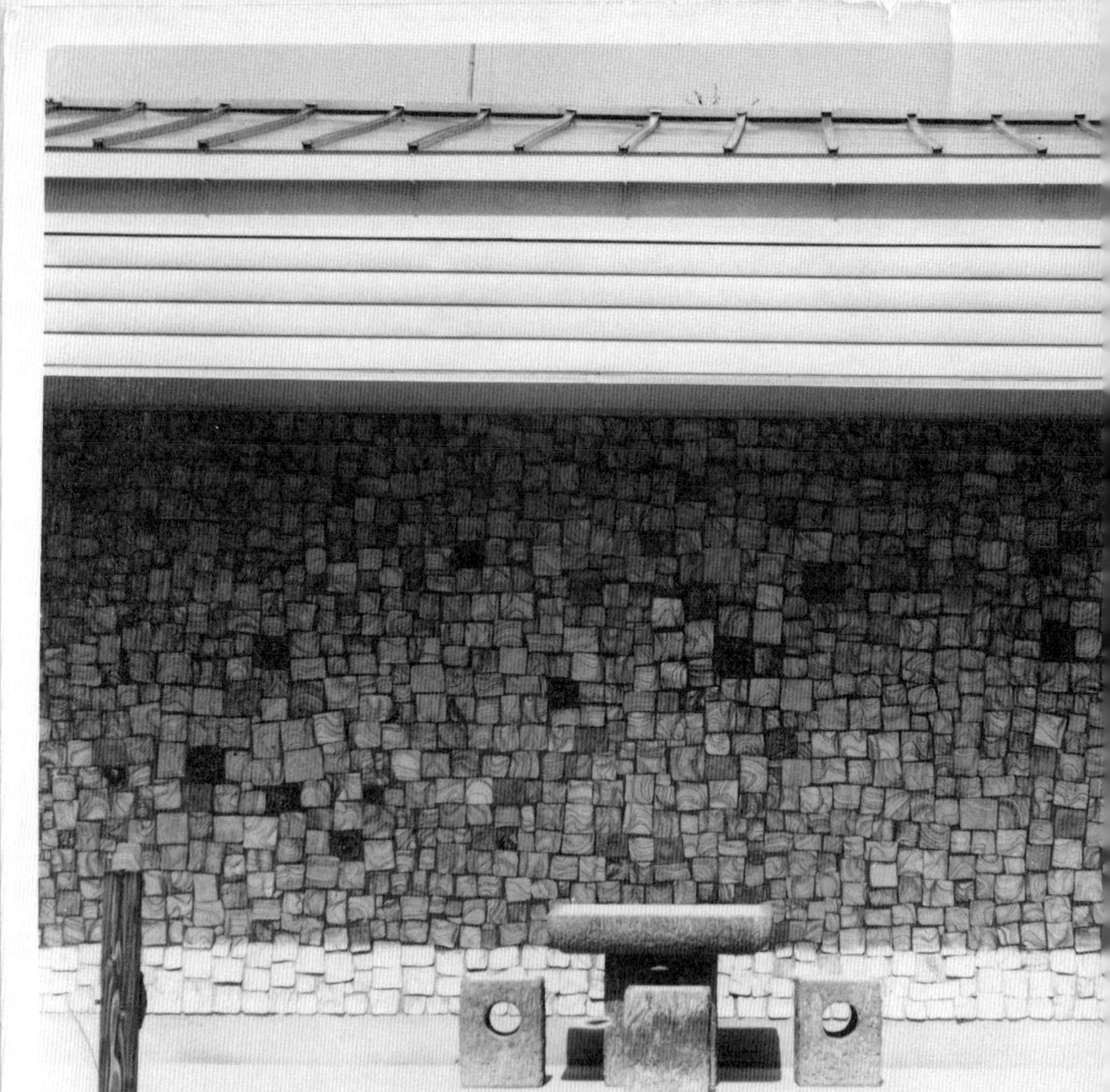

談・阪本やすき

（白山陶器株式会社 デザイン室長）

阪本さんと森正洋さんとのかかわり：金沢美術工芸大学の在学中に、柳宗理さんを介して森さんの存在を知る。森さんにラブレターを書き、白山陶器に押しかけ入社。デザイン室の新入社員は最初、現場に入るのが通例だったが、図面が分かり石膏が扱えたため、すぐに森さんのアシスタントに加わる。森正洋のホームグランドキーパーのつもりでデザイン室を守って40年。

シェルシリーズが世に出るまで

森先生の代表作の一つに、一九八二年に発表された「シェルシリーズ」があります。

シェルシリーズには、サイズもテクスチャーも違うさまざまなバリエーションがありますが、その最大の特徴は縁の形がひとつひとつ違うこと。大量生産品でありながら、ひとつひとつ違った表情を残していることが画期的です。

このシェルシリーズの図面を初めてもらったとき、「ああ、最終的な着地点はここだったのか」と思いました。というのも、その数年前から、森先生は土の表情を残した、フリーな形のボウルをいろいろと試作されていたからです。

確か、私が白山陶器に入社してまもない七〇年代の初めだったと思います。その頃から森先生は、シェルシリーズの原型となる不定形の皿、鉢の製作に取り組み、習作を九州クラフトデザイン協会展などに出品したりしていました。

ちょっと専門的な話になりますけど、その当時はまだローラーマシンが導入されていませんでした。ローラーマシンとは、加熱したローラーを使って土を成形する機械のことです。ローラーマシンが登場するまでは、「水コテ成形」と呼ばれる鉄板のコテを使い、少しずつ水を注《さ》しながら成形をする機械ロクロを使うしかありませんでした。水コテは、ある程度自由に形を作れるという利点はあるものの、量産には向かない。一方、ローラーマシンを使えば、ある程度コントロールされた範囲で形の揃っていないものを量産できるようになります。

今にして思えば、ローラーマシンがそう遠くないうちに現場に導入されることが、先生にはわかっていたんでしょうね。日頃から、やきものの技術や技法について情報収集を怠らなかった先生だからこそ、その変化にいち早く着目できたんだと思います。

製品化に向け、実際にシェルシリーズの試作が始まってからも、試行錯誤は続きました。

土の量をコントロールして不定形にするのですが、不揃いの縁からヒビが入る。それをとめるにはどうしたらいいか。うまく一皿ごとに変化をつけるにはどうするか。土の量や状態などを細かくみながら、問題をひとつずつクリアしていきました。そうしてやっと完成したシェルシリーズでしたが、発表した当初、まわりからの反応はかんばしくありませんでした。

問屋さんからは「扱いにくい」と敬遠され、会社も量産には乗り気ではない。ふつうなら、この時点でデザイナーはやる気をそがれるもんですが、そこは〝粘り〟の森先生。外堀から埋める作戦に出ました。

まず、会社が毎年出しているカタログに掲載して、小売りに直接アピールしました。発表した年の九月には、日本デザインコミッティー三十周年のメンバー展が開かれたのですが、そこで「シェルボール」を出品。さらに、翌八三年に開催された第十三回スペイン・バレンシア国際工芸展にも「貝の器」と題して「シェルボール」を出品し、見事グランプリを受賞しました。その受賞がきっかけで、同年からニューヨーク近代美術館のショップで販売されるようになり、クリスマスカタログの表紙も飾りました。こうして、シェルシリーズが広く認知されるよう、先生は自らしかけをどんどん作っていったんです。

売れるようになってからは、いろんなバージョンを作りました。テクスチャーを変えたり、柄を入れたり。伝統的な技法で加工した素地に、独自の絵具を施した「うず潮」シリーズもあります。もちろん、いちばん初めに作ったバージョンも、今でも白山陶器で作り続けています。

このシェルシリーズと同じように、長い年月をかけて売り出した作品に「平茶わん」があります。

平茶わんは、九二年に銀座松屋で開かれた個展で大々的に発表されました。でも、この松屋の個展よりずっと前から、平茶わんのデザインは温められてきたんです。

忘れもしない、八三年十二月の初めのことでした。森先生から、初めて㊙と書かれた図面をもらいました。「なんで㊙なんですか?」と訊ねると、先生は「変わった形のものを作ると、産地がすぐ真似をする。だから、きちっと発表するまでは内密にするように」と言いました。

このときの図面を見るとわかりますが、すでに現在の平茶わんの基本形はでき上がっています。ただ、サイズには小、大、特大の三種類があって。この特大にあたるものが、現在流通している平茶わんのサイズです。

通常、めし茶碗のサイズは三・五寸〜四寸（十〜十二センチくらい）が一般的です。対して、森先生がデザインした特大サイズは十五センチ。発案当初から、先生は特大を本命にしていましたが、「いきなり提案しても通らんじゃろう」と。そこで、小、大、特大の三本立てで、まずは自社カタログにしのばせることから始めました。

カタログでの展開が始まったのが八四年。それから八〇年代の後半まで、いくつかのパターンを作りました。作り始めた当初は、なるべく問屋さんに受け入れてもらえるよう、天目や青磁など伝統的な釉薬を使ったものが多かったですね。柄モノも、染付という白地に呉須で絵付した伝統的なものが六パターンくらいあったかな。最初は親しみやすいものから始めて、時間が経つにつれ、だんだんと内側にピンクやグレーを施した斬新なデザインが登場するようになりました。

こうして少しずつ習作を重ねていくなか、先生はコツコツとデザインを描きためていきました。

出張から帰ってくると、まず机に向かって、焼き上がったサンプルを手に取って、眼鏡をパッと外す。サンプルをじっくりと確認してから、準備してあった絵の具でパパッとデザインを描いていく。その繰り返しでした。

いつだったか、先生がこう言っていたのを覚えています。

「新しいデザインというものは、すぐに数が出るもんではない。だからといってやめてしまうと、ほかから似たようなものが出てくる。そのときになって以前作ったものを復活させても、亜流になってしまう」

自分が考えるデザインは近い将来、ほかから出てくるという絶対の確信がある。とはいえ、斬新なものはすぐには市場に受け入れられない。だから、ロットを小さくしてでも売り続け、展示会に出し続ける。さらに、東京に行くときは百貨店を回り、日頃から受け入れ態勢を作っておく。そうやって徐々に風穴を開けていく粘り強さが、先生にはありました。

ただ、森先生が粘り強かったのは、モノ作りに対してだけ。ふだんの性格はほんとにせっかちで。

月に必ず一回は、先生からデザイン画とも図面ともつかない新しいもののスケッチを「頼むばい」と手渡される。先生は毎月、愛知県立芸術大学に教えに行ったり、デザインコミッティーの会合に出席したりで、一週間程度は波佐見を留守にしてました。で、その一週間のうちに、渡されたデザインを何らかの形にしておかないと、帰ってきてこっぴどく怒られるんです。最低でも、原型を仕上げて、立体の形にしていないとダメでしたね。

先生の厳しさを知っている人からは、「ようめげんね」、「よう耐えとるなあ」なんて、ずいぶん言われてきました。怒鳴られた経験も幾たびか。でも、なんとかやってこれたのは、人柄よりも先に先生の作っているモノにふれたからでしょうね。

先生から出てくるのは、いつも親しみやすく、やさしい形。こういうものをデザインしている人なんだから、きっと本当はやさしいに違いない。それが我慢のよりどころでした。

実際、仕事を離れていろんな話をしているときは、やさしい一面が垣間見えました。

先生の持論は、「生活と風土と社会の有りようがモノの形を決めていく」。それだけに、人類学や民族学に深く関心を持っていました。私も民族学が好きで、大阪の地元に帰るといつも万博公園内の国立民族学博物館に立ち寄るようにしています。波佐見に戻ってきてから民博のことを先生に話すと、いつも先生は目を細めて聞いていました。先生と、人類学の本を貸し借りしたこともあります。

この表現が適切かどうかわからないですが、先生は「凶暴なまでのヒューマニスト」。気になると、とことん向き合う。相手に理解してほしい、がんばってほしいと思うがゆえに、厳しくなる。本当のやさしさを持った人だったと思います。

阪本やすき（さかもと・やすき）

白山陶器株式会社デザイン室長。1948年、大阪府生まれ。71年、金沢美術工芸大学工業デザイン専攻卒業。同年、白山陶器株式会社デザイン室に入社。83年陶磁器デザインコンペティション'83金賞、89年陶磁器デザインコンペ'89国際展グランプリ、2000年九州クラフトデザイン展グランプリ受賞ほか受賞歴多数。主な作品に「S型ドレッシングポット」、「シングルス・ミストホワイトシリーズ」、「リーヴズシリーズ」など。

になった

談・小松誠

（プロダクトデザイナー）

小松さんと森正洋さんとのかかわり：1970年、京都で開かれた世界クラフト会議が森さんとの初対面。フィンランドのデザイナー、タピオ・イリビカリに頼まれ、森さんと引き合わせたのが最初だった。以後、直接のかかわりはそれほどなかったが、常に森さんのデザインを意識してきた。日本デザインコミッティー主催デザインフォーラム展で銅賞と銀賞を受賞し、森さんデザインの磁器の賞杯をもらったことがひそかな自慢。

「平茶わん」が示す未来

私が最初に森さんを知ったのは、雑誌『美術手帖』のデザイン特集（一九六〇年）でした。そこで初めて陶磁器デザイナーという仕事があることを知って。誌面には、私が後に大学で師事することになる加藤達美という人も紹介されていました。

大学を卒業して数年後、私はスウェーデンの陶磁器メーカー、グスタフスベリ社で働き始めました。スティグ・リンドベリというデザイナーの助手を三年ほど務めて帰国しました。そして、いざ自分でデザインしようとしたとき、目の前に立ちはだかったのが、森さんのデザインです。

森さんは毎年新しいシリーズを発表していましたから、すでに森さんのデザインは世の中にたくさんありました。それがひとつの手本というか、模範解答として存在していたんです。森さんと同じ場で競争したら、絶対に負ける。違う場所でやれば、比較もされない。そう考えて、なんとか違う答えを見つけようとたどり着いたのが、シワのある「クリンクル・シリーズ」（一九七五年）という、遊びの要素が強いものだったんです。

答えは無限にあるほうが豊かだ、と私は思うんですよね。

基本の土台がしっかりしていれば、いくら上で遊んでも揺らがない。もちろん基本が一番大事だけれど、そのうえで面白い答えが存在しているのが、最も快適で健全な生活かなって思うんです。


森デザインはとにかく数が多いから、バーッとつながって見える。「森ライン」という基準が浮かびあがってくるんです。揺るぎない「森ライン」があるからこそ、自分はそれとは違った尺度で遊ぶことができる。自分と常に照らし合わせられる尺度があったことは本当によかったと思います。


森さんがデザインした器のなかで、私が一番好きなものは「平茶わん」なんです。うちでも毎日、ごはん用に使っていますよ。家族全員それぞれのものが決まっていて。

大きめの浅型の器って小さく盛ることもできるし、お茶漬け用にちょっと多めに盛ることもできる。ふつう、混ぜごはんには別の大ぶりの陶器を用意するんですけど、これは混ぜごはんまで受け入れるサイズ。ごはんに限らず、煮物を盛ってもいいし、デザートを盛ってもいい。一器多様性がありますよね。

めし茶碗というのは、長い年月をかけて少しずつ改良されていって、今の形に落ち着いている。多少丸みを帯びて、口径はこのくらいの大きさと、それこそ誰がやっても似たようなものしかできない。ほんのわずかなカーブの差でしか違いを表現できないのが、めし茶碗のデザインだったんです。

そこへ、口径がドーンと大きい浅いものを作った。誰が見てもすぐ分かるくらい、大きいものを。

これは画期的なことです。固定化されためし茶碗の概念をみごとに覆してしまった。さすが森さん、と思いましたね。

口径が大きいめし茶碗をいいと言うには、生活空間の豊かさが伴わないと成立しません。

ちゃぶ台じゃ、あんな大きいめし茶碗は場所をとって困る。経済成長とともに暮らしが豊かになり、ちゃぶ台からテーブルへと変わり、食卓が広くなっている。そういうところでは、口径が大きいめし茶碗が非常に映えるわけです。しかも口径が大きいと、入れたものが冷めやすい。冷暖房が効いた快適な生活空間が保証されている今だからこそ、許される形なんです。

つまり、森さんの平茶わんは、現代の食卓を具現化したものなんです。めし茶碗ひとつで、時代性まで表現できるのかって、ほんと感心しました。

あと、最初にこの平茶わんを見たとき、ほかのメーカーじゃこれは絶対にできないだろうなと思いましたね。

量産品でありながら、いろんな釉薬や文様の意匠を施している。三百種以上ものバリエーションを、職人さんを指導しながら製品化しているところがすごい。白山陶器にいい職人さんたちが揃っていることの証拠ですよ。

そもそも最近、自前で職人さんを抱えるメーカーが減ってきてます。すると、新しいものを作るときにどこかよそに頼まないといけない。きちんとした職人さんに頼めればいいですが、量産だとなかなかそうもいかない。そこで、ふだん工場で安モノを作っている人たちに頼むと、いくら賃金を上げるからと言っても、レベルの高い仕事はできないんです。もう手が、安モノの手になってしまっているから。

森さんがいい仕事ができたってことは、森さんの下にいいチームを育てたってこと。森さんは、いいチームを作ることがいい仕事につながるとわかっていたんだと思います。


これからますます、コンピュータでデザインする時代になっていくでしょうね。でも、コンピュータには素材から発想して面白いモノを作ることはできない。素材を遊んでいるうちに、可能性が無限にあるような気がしてくるんです。

この平茶わんなんか、まさにそんな将来の道を示しているんじゃないでしょうか。

量産品にもかかわらず、手技や釉薬のバリエーションをどんどん盛り込んでいる。ただ単に手作りで作ればいいってもんじゃなくて、量産品のなかにも素材や技法を探求していくことで可能性が開けてくる。「飛びカンナ」といってカンナで刻んで文様をつける伝統的な技法を使ったモノとかも、森さんは製品化していました。

そうして一人一人の個性に合わせて、長く使えるモノを少量多品種で展開していく。大量生産、大量消費というアメリカ型の消費社会からシフトしつつある今、この平茶わんは新しい消費のあり方を提案しているんじゃないかと思います。

晩年になっても、森さんが画期的なデザインを生み出せたのは、ずっと強い使命感を持ち続けていたからだと思います。

森さんの作品からは「私が世の中の基本となる器を作るんだ」という気概を強く感じるんですよね。「志」というのかな。とにかく、社会のために働くという気持ちがすごく強かったんじゃないかなと思います。

志があるからこそ、泉のように湧き出るアイデアをどんどん形にできた。そのパワーには、今でも「爪の垢を煎じて飲みたいなあ」と思いますね。

小松誠（こまつ・まこと）

プロダクトデザイナー。武蔵野美術大学工芸工業デザイン学科教授。1943年、東京都生まれ。武蔵野美術短期大学卒業後、70年よりスウェーデンの陶器メーカー、グスタフスベリ社のデザイン室に勤める。73年、帰国して埼玉県行田市に工房を設立。75年に「手のシリーズ」で初個展を開催。代表作に、ニューヨーク近代美術館に収蔵された「クリンクル・シリーズ」、第1回国際陶磁器展美濃（86年）グランプリ受賞の注器「POTS」、最近の「KUU シリーズ」ほか。2008年、東京国立近代美術館にて「小松—デザイン＋ユーモア—」展開催。

DAKT

談・宮﨑珠太郎

（竹工芸作家）

宮﨑さんと森正洋さんとのかかわり： 九州クラフトデザイン協会の場で、森さんと知り合う。森さんは最新デザインの最左翼をいっているとすれば、自分はアート寄りで正反対だったと語る。そのせいか、面と向かって叱られた記憶はない。森さんから最先端のデザイン論を聞かせてもらい、仲間と切磋琢磨できたことが貴重な体験になっている。

「デザインはデモクラシー」の意味

森さんに初めて会ったのは、九州クラフトデザイン協会だったと思う。

一九六七年に、大分県別府産業工芸試験所（現大分県竹工芸・訓練支援センター）の主任研究員として呼ばれた。その頃には、日本クラフトデザイン協会には入ってましたから、日本クラフトから来た人間は当然、九州クラフトにも入らにゃって言われて入れられてね。そのすぐあとにどっかで会ってるんですよ。

日本クラフトデザイン協会は、クラフトデザインの普及のために五六年に「日本デザイナークラフトマン協会」って名前で創設された。森さんも五八年から六八年の十年間は在籍しとった。ただ、クラフトは必ずしも量産とは限らない。森さんは量の大小にかかわらず量産をモットーとしとったから、日本クラフトを辞めたんじゃなかったかな。

九州クラフトデザイン協会は大分、佐賀、長崎などの試験所同士の集まりを中心に、六一年に発足した団体（当初の名称は

「九州クラフトデザイナー協会」）。立ち上げメンバーは森さんのほか、長崎の試験所の顧問だったデザイナーの柏崎栄助さん、日田の産業工芸指導所の塩塚豊枝さん（後に大分県立芸術短期大学学長）、長崎県窯業試験場（現長崎県窯業技術センター）の岡本榮司さん（後に伊万里陶苑代表）、佐賀県窯業試験場の井上規さんら。

九州クラフトは議論のための議論みたいなことをしょっちゅうしよったね。「工芸が産業になるのか」とか「せめて生業じゃろう」とか、そういう議論をやたらに。森さんとしては、もっとデザインの本質とか概念の話をしたかったじゃろうから、歯がゆかったと思う。

森さんは、とにかく「やましい人だな」とは思ったよね。メンバーには工芸試験所に勤めている人間、つまり役人が多いわけよ。それを森さんは「役人じゃわからん」とか、よういじめよった。森さん流の励ましじゃないけど、いじってかわいがってやりよったんじゃろ。

森さんは戦後間もないうちから、DAKT《ダクト》（九州陶磁器デザイナー協会）という会を作って、岡本さん、井上さん、それに有田物産の古賀秀行さんらと、いっつも大声で議論ばっかりしよった。九州クラフトが発足するきっかけも、このＤＡＫＴが発端だったと聞いとる。

おまけに、森さんは日本デザインコミッティーにはずっとかかわっておって、日本を代表する美術評論家の勝見勝さんやデザイナーの柳宗理さんなんかと一段上の議論をして帰ってきてるもんじゃけん、理屈ではかなわんよ。

九州クラフトでは年一回、会員が作品を出して受賞作を決め、展覧会をやっとった。

福岡天神にある岩田屋という百貨店が場所を提供してくれて、審査のときも展覧会のときも世話になって。森さんなんかは一生懸命、岩田屋の幹部に「文化催事じゃろうが、売り上げを気にするな」とか無理難題をふっかけておった。でも結局、最後のほうは岩田屋が手を引いて。場所を確保するのに苦労したけれど、四十回までは続いたかな。

この審査が珍しいことに、公開審査でね。

九州クラフトの会員が主な審査員で、招待審査員も一人は入ってた。で、七から九人くらいの審査員がわあわあ意見を言う。出品者が来ていればその人に「どこ苦労したよ?」とか、質問攻めにする。はたから外野もいろいろと口出しして、かけ合い漫才のようににぎやかでね。

森さんが審査をするときは、テーブルから乗り出して「ちょっと見せて」って眼鏡を取ってじっくり見る。本人がいたら、もちろんいろいろと質問しよった。

公開審査でもやかましゅう言われよったけど、その後の宴会になっても、引き続きみんなにあれこれ言われるんですよ。特にわたしらの間では、「宴会のときは森さんの前には座るなよ」って。前に座ると餌食にされちゃうから。言い争っても口じゃ勝てん。

ある木工の人なんかは「出品物が去年と同じじゃないの?」、「木目が違うの?」、「進歩がないね」というような言われ方をして。本人は一生懸命作ってんのよ。それを森さんから散々言われるもんだから、言われたほうはムーッとしよったね。

あと覚えているのは、いつだかの宴会で森さんが突然「デザインとはデモクラシーなんだよ!」と叫んだこと。突拍子もなかったけど、森さんとしては至極真面目だったと思う。

森さんの年代は、戦時中に兵役や学徒動員でこき使われた経験がある年代。聞いた話によると、森さんは学徒動員で、岩尾磁器でずっと土作りをしておったとか。だから、平和のありがたさが身にしみている。

平和でなければ、デザインなんてものは役に立たない。デモクラシーの世の中でなければ、量産をすることもできないし、みんなが楽しむこともできない。さらに言えば、健全な文化も育たない。社会のシステムが民主主義にならんと、デザインは存在しえないっちゅうことやろね。

デザインを形、色、機能だけの狭い意味で捉えるんじゃない。人間の生活、人間の生き方そのもののグランドデザインとして考えにゃいかんってこと。

おそらく「去年とどう違うの？」って言ったのも、そういう引っかけがあったかもしれない。去年とちょっと形を変えたり、木を変えたりしたぐらいで、新しいデザインなんて言うなって。使い方まで踏み込んだ提案をしてこそ、新しいデザインって言えるんだってことよ。毎年毎年、森さんが作ってくるモノがまさにそうだったもんね。

九州クラフトにしろ、日本クラフトにしろ、私が目標にしていたのは、とにかく休まず出すということ。毎年新作をなんとかして作り上げて出品するというのが、自分に課した課題だった。でもこの二、三年は欠席することが多くなって。

ただ、森さんはそれがなかった。

無尽蔵に新しいアイデアが出てきてた。どんどん、どんどん仕事する。やっぱ仕事しよると、アイデアも次から次へと浮かんでくるんだろうな。エネルギッシュに仕事をするところが、もう感心の一語だったよね。

宮﨑珠太郎（みやざき・しゅたろう）

竹工芸作家。1932年、東京都生まれ。5歳の頃、母の郷里である熊本へ戻る。戦争が終わって平和になった46年から竹細工の道へ。50年、熊本県立人吉職業補導所竹工科卒業後、53年に上京。通産省工業技術院産業工芸試験所で雑貨意匠竹工技術研究生修了後、自営。九州クラフトデザイン協会理事長、大分県別府産業工芸試験所所長などを歴任。92年国井喜太郎産業工芸賞、2003年くまもと県民文化賞特別賞、11年日本クラフト展優秀賞ほか受賞歴多数。

森正洋プロフィール──一九二七年十一月十四日生・二〇〇五年十一月十二日没

小田寛孝(デザインモリコネクション 代表)

森正洋は、自らのやきものへの関わりをこう書いている。

「佐賀県に生まれて、絵や工作が好きだったものだから、絵を描いて行ける中学校、有田工業の図案科に行ったのがやきものをやるようになったそもそもの切っ掛けになるのだろうが、日本の敗戦で学徒動員で働いていた岩尾磁器の製土工場から解放されて、物、心ともに空白の頃、たまたま近くにおられた陶芸家松本佩山《はいざん》先生の、まわりの混乱、動揺とは無関係に自己の制作に励んでおられる生き方に魅力を感じて弟子入りしたのだが、陶芸の道を進もうと思ったわけではない。その後多摩美(旧制)の図案科で遊んだのだが、制作する材料は粘土が多くなり、物としては生活で使用する実用性のあるやきものに向いていたように思う。(後略)」(『現代日本の陶芸 第十二巻 用のデザイン』講談社より)

大学三年の春、入試試験官アルバイトで受験生の田代美佐緒と出会い、一九五四年に結婚。二〇〇五年の森の死後、美佐緒は新聞取材に結婚を決意したときの心情を「教室でも

のづくりにとりくむ、ひたむきで実直な姿勢、後ろ姿を見てこの人なら大丈夫かなと思えた」と語っている。

一九五二年の大学卒業後、約一年半、学習研究社編集部に勤務。その後、長崎県窯業指導所を経て、一九五六年に白山陶器へ入社。

一九五八年、商工省産業工芸指導所がカイ・フランクを招聘し東京で開催した、デザイン講習会へ参加した。カイ・フランクに、すでにグッドデザインコミッティーに出品したG型しょうゆさし大小を見せたところ（小は白磁、大は茶色〈大は初期の形が今とは異なっている〉）、「白と茶どちらもよい。大小あるが大きい方が用途が広い。例えばサラダ・オイルなど入れるにもよいだろう。しかし、形は小さい方が良い」（『工芸ニュース』二六号 講習会報告より）と評価を得ている。

さらにそのとき、カイ・フランクから「フィンランドに来て仕事をしないか」と誘われたが、「日本でまだ成すべき仕事がたくさんあるから」と辞退した。

一九六〇年、日本デザインコミッティー（当時は「グッドデザインコミッティー」）第一回グッドデザイン賞受賞の際、グラフィックデザイナーの亀倉雄策が「森さんは賞金を渡してもすぐ使ってしまうから、お祝いにパンフレットを作ってあげよう。記念にもなって、今後の販促にも役立つから」と、受賞記念パンフレットを制作した。

そのパンフレットには、「(コミッティによる)グッドデザインの選定がはじまって以来すでに六年、質量ともにかなり蓄積されたので《グッド・デザイン賞》を制定してさらに運動の向上をはかったらというのがわれわれの念願だった。(中略)一九六〇年度《グッド・デザイン賞》はここに発表されたように白山陶器の森正洋氏の食卓陶器セットに決定した。この選考経過について詳細ははぶくとして、今年にはいり毎月の審査会のたびに『候補作品』が討議され結局四月六日の会合で満場一致決定をみた。これらの陶器セットは、デザイン上造形感覚的な一貫性があり、しかも実用的にもよく配慮されている。特に醤油注ぎは初めての試作が数年前われわれのグッド・デザイン・コミッティー審査会に出され、そこでの意見などもとりいれられ、たびたび改良を重ね、尻洩りを防ぐのにほぼ成功した。(後略)」(パンフレット「GOOD DESIGN賞一九六〇」より)とあり、一九五八年から六〇年の二年間に制作した多くの食器群が写真で紹介されている。

その後、第一回大倉和親記念財団表彰(一九七一年)や第一回国井喜太郎賞(一九七四年)、毎日産業デザイン賞(一九七五年)、日本陶磁協会賞金賞(一九九九年)、佐賀新聞文化賞(二〇〇二年)、勝見勝賞(二〇〇四年)、長崎県県民表彰(一九六五年・二〇〇五年)などを受賞。

また「中小企業が宣伝費の支出なしに、多くの人たちに知ってもらういい機会だ」と積極的に作品の出品を続け、国内外のコンペティションで多くの賞を受賞した。一九七五年イタリア・ファエンツァ国際陶芸展インダストリアル部金賞「P型コーヒーセット」、一九七七年スペイン・バレンシア国際工業デザイン展陶芸部金賞「パーティートレイセット」、一九八三年スペイン・バレンシア第十三回国際工芸デザイン展陶芸部グランプリ「貝の器（シェルシリーズ）」など。Gマーク選定商品も一九六一年のG型しょうゆさしから、一一〇余点の受賞作がある。

波佐見を拠点に活動する一方で、国内、海外との視察交流を数多く行った。森の記憶に深く刻まれた一九六一年のアメリカ・メキシコ・フランス・イタリア・西ドイツ・デンマーク・スウェーデン・フィンランド・ノルウェーへの旅は、その後に続くさまざまな深い交流の出発点となった。特にスウェーデン・グスタフスベリ社におけるスティグ・リンドベリとの出会いからは、いろいろな指針を得ている。

「日本人には、工場など見せないと聞いていたがそうではなかった。彼は私のデザインしたものをいくつも持っていて、自ら工場の中でもどこでも案内してくれた。彼も関わっていたコンストファック（ストックフォルムの美術学校）でスライドレクチャーもやった」（森）。

森正洋はデザイン教育にも熱く関わった。佐賀県立有田工業高校非常勤講師（一九七〇

森
MORI

〜七五年)、九州産業大学芸術学部教授(一九七四〜八二年)、愛知県立芸術大学非常勤講師(一九七五〜八五年)、同大学客員教授(一九八五〜八九年・一九九九〜二〇〇五年)、同大学教授(一九八九〜九三年)、九州芸術工科大学講師(一九八〇〜八二年)や佐賀県立有田窯業大学校、石川県立九谷焼技術研修所、多治見市陶磁器意匠研究所で、またKCDA(九州クラフトデザイン協会)やDAKT(九州陶磁器デザイナー協会)でも後進の指導に当たる。JICA(国際協力機構)やJETRO(日本貿易振興機構)などの講師として、海外での活動も行った。

小田寛孝(おだ・ひろたか)

デザインモリコネクション有限会社代表。1951年、佐賀県生まれ。87年、中国景徳鎮視察のための森正洋・勉強会に参加。その後もさまざまな場面で森さんを手伝い、2001年に2人で販売会社を設立。森さんは、小田さんのことを人に紹介するとき「ファンが高じて販売会社を作ってくれた人」と語っていた。

あとがきにかえて、第一回「森正洋を語る会」のこと

林良二（「森正洋を語り・伝える会」編集局）

「森正洋を語り・伝える会」は、二〇一〇年四月に発足しました。森正洋の姿を正しく伝えるために、周りにいた私たち九州陶磁器デザイナー協会「ＤＡＫＴ」（注一）の有志メンバーが集まり、森正洋のことを伝えるための「森正洋を語る会」の開催と、本づくりの話を進めました。

同年五月に開かれた一回目の会合では、森正洋先生のご実兄・敏治氏と浄土真宗円福寺のご住職・織田了悟氏に先生の生い立ちを伺いました。了悟さんは、先生が「僕は小さい頃から坊主の友達がいて、いつも厳しい内容のある雑談をきいていた」（九州クラフトデザイン協会四〇周年記念事業「森正洋さんに聞く会」）と話しておられるそのお坊さんです。

了悟さんは、森家を次のように紹介されました。「仏教用語に『摂取不捨《せっしゅふしゃ》』（注二）という言葉がある。森家はそういう家庭でした。森くんは、信仰の篤いおじいさんおばあさんとご両親の愛情いっぱいに育てられてきた」と。ご住職は大変おだやかなものごしの老僧ですが、その大きな眼に、時折鋭い光が走りました。ご住職と先生とは、まさに肝胆相照ら

す間柄だったようで、若い頃から仏教に関しても相当に深い話を交わされていたに違いないと察せられました。敏治さんのお話も、了悟さんのお話を裏付ける内容でした。

老僧のお話を伺ったあと、私の中でいくつか古い記憶がよみがえりました。一つは、先生のお宅の仏龕《ぶつがん》についてです。仏龕は仏像や位牌を安置する「厨子」ですが、先生のお宅の龕には仏像も何もなく、すっきりとした不思議な空間がありました。実のところは、真宗の儀軌《ぎき》（規則）にのっとった掛け軸が奥にかけられていたのかもしれませんが、そのときは中空の印象が強く心に残りました。私の記憶違いかもしれないと思い、先生のそばにずっとおられたデザインモリコネクションの小田寛孝さんに確かめたところ、やはり初めは白い玉石を敷かれていただけだったと思うが、後に小さな俑《よう》（中国唐時代の陶人形）と鼎《かなえ》（青銅製の三本脚の容器）を置かれていたということでした。

ある本に、仏陀は現実から決して目をそらさなかったこと、この世の外にあるような極楽を説いてはいないことなどが書かれていました。龕のなかに、阿弥陀像ではなく俑を置かれたことに、先生の自らに妥協を許さない厳しさと、おおらかであたたかい心を見る思いです。

もう一つは、ＤＡＫＴの例会に岡本榮司さんが持ってこられたボロブドゥール遺跡のスライドを鑑賞したときの記憶です。森先生も興味深そうに見ておられました。

遺跡の下層の長い廻廊の両側には釈迦の伝記やお教を説いたレリーフが連なり、その上にはたくさんの仏像が並んでいました。下層の過剰なほどの装飾が上層にいくに従ってだ

ブルーベリー
柚子
シーサー
→D工房
磁器
スツール
A工房・展示館
赤レンガの池
母屋・B工房

んだんシンプルになり、最上層にはストゥーパ状の空《から》の石龕《せきがん》がいくつか整然と並ぶだけでした（あるいは装飾のない仏像が龕のなかに鎮座していたかもしれません）。だんだん信仰が深まっていくとすっきりとシンプルになる、「シンプル」という語の意味はこういうことかもしれないな、とひどく感動したことがありました。

周知のようにモリデザインは明快でやさしいフォルムです。どれも磨きぬかれてシンプルです。信仰の篤い家庭での生い立ち。俑の置かれた仏龕。そして、あたたかくて品のあるモリデザイン。私は、すべてが深いところでつながっているように思います。モリデザインの器を手にしたときに抱く、日々新たな感覚。その源を深く考えるための大切なヒントをこの会合からいただきました。

森正洋邸には、母屋と先生の創造の歴史を一望できる展示館、そしてＡＢＣＤの四つの工房があります（右頁参照）。邸内には一〇坪ほどの畑とブルーベリーと柚子の木があり、他に数本の柿の木もあります。そんな邸内の空気が不思議に親密でくつろいだ感じでした。先生が亡くなられて、ひとしおそれを感じます。

この本づくりの狙いは、森正洋とさまざまな形でふれあいを持たれた方々のなかにあるイメージを通して、その人間像をできるだけ生き生きと浮き彫りにしようということにありました。多くの方々のご厚意とご協力でようやくそれが実現いたしました。

本書の制作にご多忙のなかで全面的にご協力くださったナガオカケンメイさんとそのスタッフの方々、美術出版社書籍編集部の田邊直子さんとライターの澁川祐子さん、本当にありがとうございました。またご寄稿くださった方々、さらにインタビューに応じてくださった方々、世話人一同心より感謝申し上げます。

【注一】九州陶磁器デザイナー協会「DAKT」……一九四八年頃から長崎県窯業技術センターの前身窯業試験場で始まった勉強会を母体とする。森さんは理事長として、任意団体として活動を始めた八八年から亡くなる二〇〇五年までこの会を主導。多くの若いデザイナーたちを指導してきた。陶磁器産業に従事する人、試験場などに勤める研究者、デザイン教育の現場にいる教師などが二ヶ月に一回集まり、陶磁器産業のことや世界デザイン事情、生活のありかたなどを議論してきた。

【注二】摂取不捨……生きとし生けるものをすべて浄土へ救い、決して見捨てないという、阿弥陀仏の救済を意味する。後日、了悟さんは森さんの法事の席で「森君は、少し厳しすぎるとこのあったもんなあ。やさしさは大事だよ」と語った。森さんの厳しさの裏には、大きな優しさがあったことをこの語で伝えたかったたと思われる。

林良二（はやし・りょうじ）

「森正洋を語り・伝える会」編集局。1940年、佐賀県生まれ。65年、東京芸術大学卒業後、有田工業高校、塩田工業高校、鹿島実業高校、鹿島高校にて美術教師を歴任。DAKTの活動を通じて森さんから多くのことを学んだ。

森正洋を語り・伝える会

呼びかけ人　落合勉（神奈川県）
門脇文雄（石川県）
熊谷靖彦（佐賀県）
車政弘（福岡県）
小松誠（埼玉県）
鯉江良二（愛知県）
栄木正敏（愛知県）
崔宰熏（愛知県）
山田節子（東京都）
＊五十音順表記

世話人

代表世話人　阪本やすき（長崎県）

副代表世話人　林良二（佐賀県）
井島守（佐賀県）
木原長正（佐賀県）
松尾慶一（長崎県）
小田寛孝（佐賀県）

レ美術館で開催）のリーフレット。● **p.117** 1993年、入院中の森が、やきもの公園「世界の窯博物館」の最上部・「野焼きの祭壇」について具体的な考えを示す図。● **p.124** 1992年に発表した「平茶わん」。そのバリエーションは、19色計300種を超える。● **p.133** 1960年代初期、森が描いた銅版転写用のプリント柄のスケッチ。製版、印刷は全てデザイン室で行っていた。● **p.134** 1960年代初期、森は圧力鋳込み成形による角形の新しい器のアイテム展開を模索している。現場には簡易式の鋳込み設備も実現していた。● **p.142** 1992年、松屋銀座で開催された第446回デザインギャラリー展「森正洋めし茶わん」の会場風景。144個の平茶わんが発表された。展覧会担当は、デザインコミッティー委員の亀倉雄策。撮影：ナカサ＆パートナーズ ● **p.150** 1998年、「森正洋展」（長崎県立美術博物館）のギャラリートークへ出かける朝、フィンランドからやってきたデザイナー、タピオ・イリビカリのプレゼントによろこぶ森正洋・美佐緒夫妻。● **p.158** 2001年、DAKT（九州陶磁器デザイナー協会）展でいつもの理事長挨拶のほかに、「陶磁器デザインという言葉にはまだ解説がいるな、会場に掲示しよう」と森が書いた文章。● **p.164** 1997年、長崎県波佐見町「やきもの公園」の企画制作に全面的に関わった森が、解説カタログを制作することに。その掲載内容を確認するためのメモ。● **p.169** 1995年、第488回デザインギャラリー展「森正洋のパーティープレート 組み合わせて楽しむパーティーへの提案」が開催された。写真は、そのDMハガキ。● **p.172–173** 1990年初期、美しい発色の低火度釉の魅力を表現するため、森はさまざまな図案の陶額を製作した。● **p.177** 1994年盛夏、「森正洋のパーティプレート展（1995年）」に向けての屋外での撮影風景。● **p.184** 1998年、森正洋は所属するヨットクラブのレースの記念品に、文字とヨットに関する絵を描いたカップを参加者にプレゼントした。写真はそのときの転写紙文字原稿。● **p.190** 1977年竣工、森正洋邸内の半地下「アトリエＡ」。森正洋は瞑想室とよび、考えをまとめたいときや図面を書くときはよくここを使った。撮影：高澤敬介（2005年）● **p.200** 1969年、白山陶器第2工場一期工事竣工。外壁を飾るタイルと八女石のファニチャーは森正洋デザイン。タイルの製作には多くの有志社員も参加した。● **p.210** 1993年、平茶わんの一本線12色がＧマーク選定を受けた。当時、入院中だった森は、報告を受けると「ポスターを作ろう！」とよろこび、描いた印刷の原稿。● **p.218** 1992年夏のDAKTキャンプで、森正洋は後からやってくる仲間にキャンプ地を知らせるために、用意した黄色の布と焚き火の炭で即席の旗をつくった。迷わないようにと、数カ所の分かれ道に掲げた。● **p.228** 1963年、廃校となった小学校の校舎を移築利用した新しく広いデザイン室を得て間もない頃。森の率いるデザイン室は、6〜7名のアシスタントと共に社内ワークショップといった雰囲気だった。● **p.232** 自筆のタイルを貼った森正洋邸の門柱。出来上がったあと、自らハンマーでレンガを斫（はつ）った。撮影：高澤敬介（2005年）● **p.236** 森正洋邸。母屋からＣ工房へ、柿の老木の下のゆるやかな勾配の路から臨む。イラスト：林良二（2012年）

図版解説

●**p.2** 白山陶器カタログvol.14（1981年）中ページ。カタログ掲載写真撮影のためにポーズをとる森正洋。作業机は社内にあった古いビリヤード台を利用したもの。水平かつ頑丈なことこの上なし。●**p.10** ドイツ磁器博物館「森正洋—日本の現代陶磁器デザイン展」開会式（2000年5月5日）出席者へのプレゼント「G型しょうゆさし」に添えられたドイツ語のしおり。1953は、1958の誤り。●**p.16** 1996年、ベトナム・ハノイ郊外のトーハー村にて。中国式古窯の調査中、村長の説明を受ける森。地元の大人や子ども達も大勢集まってきた。●**p.20** 1970年代初期に、和紙片へ描かれた森のメモ。後に製品化されたアイデアが数点含まれている。企画展を意識したコレクションメモと思われる。●**p.25** 1973年、現在の白山陶器デザイン室ができたとき、森は地元の鉄工所で作ることができるポータブルな石膏ロクロを設計し、多くの原形を削った。白山陶器の階段下のこの空間は当時のまま。撮影：阪本やすき（2011年）●**p.28** 1960年代後期、多くの機会に議題となった「デザインあるいはデザイナーの定義」に関する森の覚え書き。●**p.32–33** 1995年ごろの森の図案。同時期には古代洞窟画や「生命力、発展、繁栄」の象徴である唐草紋など「生」への意欲に満ちた図案が次々と提示された。 ●**p.40** 2003年、岐阜県現代陶芸美術館が大規模な「平茶わん」の収蔵を開始。そのときに森が描いた絵柄と展開の指示書。●**p.45** 2004年に無印良品の白磁シリーズへの取り組みが決まるとすぐに、ほぼ全アイテムの図面が一気に提示された。試作進行の森の指示図面。●**p.50** 1964年頃、白山陶器デザイン室に立つ森。撮影：小川熙●**p.60** 1965年、松屋銀座 第12回デザインギャラリー展「白山陶器のデザインポリシー」の展示パネル。同年、森は38歳で日本デザインコミッティーのメンバーとなる。●**p.68** 森の描いた植物柄。1960年代中期、売上の柱となる親しみやすい植物などの絵柄の開発は、デザイナーが認知され、信頼を得るためには不可欠な仕事だった。●**p.76** 1990年頃撮影、森正洋の母タミ（1993年没）がつくった「ぽいしん」（チョッキ）。「正洋は、母親の色彩感覚を受け継いだ」と兄・敏治は語る。●**p.84** 1970年正月、嬉野市塩田町の唐泉山（409.8m）の社の前で撮られた森家の家族写真。長男・敏治夫妻、次男・文次郎、五男・誠吾、正洋・美佐緒夫妻。●**p.91** 1989年の森のスケッチ。波佐見陶磁器工業協同組合主催の国の補助事業「耐熱磁器による商品開発」に向けさまざまなアイテムを提案し事業の推進・指導にあたった。●**p.97** 1960年代中期、森による「ねじり梅」の初期スケッチ。シリーズを特徴付ける「濃（だ）み」技法を用いることが確実に意識されている。●**p.104** 森が1986年に描いた、陶額のための図案。「飛躍、自由、生命力」などポジティブなイメージで、カラフルな鳥を題材にしている。●**p.108–109** 1996年、ハノイ郊外のやきもの産地バッチャンで新しく珍しい窯を調査する森。写真奥、壁にはりつけた丸く黒いものは、粉炭と赤土で作った炭団（たどん）。煙突のような縦型の窯の壁に貼付けて焼成の燃料としていた。●**p.112** 2000年、ドイツでの展覧会「森正洋—日本の現代陶磁器デザイン展」（ゼルプ市・ドイツ磁器博物館とハレ市・国立ハり● **p.106**「やきものを語る」、『FUKUOKA STYLE』Vol.22、福博綜合印刷、1998年● **p.107** 小田寛孝（記録）「DAKT座談会 ダクトのはじまりのころ」、『九州陶磁器デザイナー協会 会員の人と仕事』VOL.2 1995、九州陶磁器デザイナー協会● **p.111、118、121** ラジオ「朝のロータリー」、NHK佐世保、1973年3月19日放送● **p.113、115** 秋川ゆか「森正洋さんの器づくり その奥深い魅力に迫る！」、『ミセス・リビング』2002年12月号、主婦と生活社● **p.114** 谷口太一郎の手記より● **p.116、122** 岩田助芳さんの手記より● **p.120** 根元仁の手記より

第3章　社会の中のデザイン

p.160、162、187 森正洋「デザイン面から見た製品開発」、『セラミックス 13』、日本セラミックス協会、1978年● **p.161、163、170、171、189**「グッドデザイン—機能が生み出すかたち」、『あかりの文化誌』9号、松下電器産業（現パナソニック）、2003年● **p.165** 高澤敬介「デザイナーのものづくり 1 森正洋さんを訪ねて」、『d long life design』3号、D&DEPARTMENT PROJECT、2005年● **p.166** ギャラリートーク、長崎県立美術博物館（当時）、1998年10月17日● **p.167、176** TAKEISHI yasuhiro「森正洋 生活のカタチ・時代のカタチ」、『モノ・マガジン』2003年5月2日号、ワールドフォトプレス● **p.168**「佐賀新聞文化賞 受賞者の横顔」、佐賀新聞、2002年10月26日● **p.174**「デザインとは何かを問い掛ける今の時代の器たち」、『旅のライブ情報誌 プリーズ』12月号、九州旅客鉄道、2001年● **p.175、181** 講演「デザイン開発と企業」、佐賀デザイン協議会、1996年6月26日● **p.178** 宮﨑珠太郎の手記より● **p.179** 森正洋「まず、白い食器から」、『モダンデザインの秀作135—白陶磁器・透明ガラスのプロダクツ—』、鹿島出版会、2000年● **p.180、182**『九州クラフトデザイン協会40周年記念事業「森正洋さんに聞く会」の記録 2002年3月17日』、九州クラフトデザイン協会、2003年● **p.183** 愛知県立芸術大学での講評、1998年7月● **p.185** 富永和弘の手記より● **p.186** 森正洋（談話）「エッセイ・日々のこと（75）ふだん使いの食器に美を求めて。」、『NOVA』VOL.75 2003年7月号、日立キャピタル● **p.188** 森正洋「機械的量産のデザインに立って」、『セラミックス 3』、日本セラミックス協会、1968年

「森 正洋の言葉」出典

第1章　デザイナーとして生きる

● **p.1、19、27** 愛知県立芸術大学での講評、1998年7月● **p.12** 秋川ゆか「森正洋さんの器づくり その奥深い魅力に迫る！」、『ミセス・リビング』2002年12月号、主婦と生活社● **p.13、14**「やきものを語る」、『FUKUOKA STYLE』Vol.22、福博綜合印刷、1998年● **p.15、24、34、38** ギャラリートーク、長崎県立美術博物館（当時）、1998年10月17日● **p.17、22、49**「森正洋のデザイン モデレイト・モダニティ」、『DESIGN QUARTERLY』第1号 2005 秋、翔泳社● **p.18** 小松誠「森正洋さんの『こころざし』」、『プロダクトデザインの思想 Vol.2』、ラトルズ、2004年● **p.21、23、26、31**『九州クラフトデザイン協会40周年記念事業「森正洋さんに聞く会」の記録 2002年3月17日』、九州クラフトデザイン協会、2003年● **p.29、46** 井島守の手記より● **p.30** 小林清人「ぶらり窯紀行 器、会社、波佐見をデザイン」、読売新聞、2009年2月14日● **p.35、44、47**「グッドデザイン—機能が生み出すかたち」、『あかりの文化誌』9号、松下電器産業（現パナソニック）、2003年● **p.36** TAKEISHI yasuhiro「森正洋 生活のカタチ・時代のカタチ」、『モノ・マガジン』2003年5月2日号、ワールドフォトプレス● **p.37** 根元仁の手記より● **p.39**「エッセイ・日々のこと（75）ふだん使いの食器に美を求めて。」、『NOVA』VOL.75 2003年7月号、日立キャピタル● **p.41、42** 土田貴宏「日本の食卓をモダンに変えた　森 正洋のデザイン」、『pen』No.156 2005年7月15日号、阪急コミュニケーションズ● **p.43** 森正洋「まず、白い食器から」、『モダンデザインの秀作135 —白陶磁器・透明ガラスのプロダクツ—』、鹿島出版会、2000年● **p.48** 森正洋「私のデザインポリシー」、『メンバーズカタログ』、日本デザインコミッティー、1989年

第2章　かたちを作る

p.86、96、102、123 TAKEISHI yasuhiro「森 正 洋 生活のカタチ・時代のカタチ」、『モノ・マガジン』2003年5月2日号、ワールドフォトプレス● **p.87** 愛知県立芸術大学での講評、1998年7月● **p.88、119**「グッドデザイン—機能が生み出すかたち」、『あかりの文化誌』9号、松下電器産業（現パナソニック）、2003年● **p.89、90** ヘルシンキ芸術工科大学（現アールト大学）講演、1992年5月● **p.92**「県境フロンティア2002佐賀を拓く」、西日本新聞、2002年1月11日● **p.93、94** 金子哲郎の手記より● **p.95** 森正洋「まず、白い食器から」、『モダンデザインの秀作135 —白陶磁器・透明ガラスのプロダクツ—』、鹿島出版会、2000年● **p.98、110** ギャラリートーク、長崎県立美術博物館（当時）、1998年10月17日● **p.99、103** 森正洋「機械的量産のデザインに立って」、『セラミックス 3』、日本セラミックス協会、1968年● **p.100** 森正洋「デザイン面から見た製品開発」、『セラミックス 13』、日本セラミックス協会、1978年● **p.101、115** ラジオ「茶碗をつくる街～長崎県波佐見」、NHK長崎、1977年11月2日放送● **p.105** 長野恵之輔の手記よ

森 正洋の言葉。デザインの言葉。

2012年2月25日　初版第1刷発行
2012年4月30日　初版第2刷発行

著　　森正洋を語り・伝える会
企画　　ナガオカケンメイ

「森正洋の言葉」構成・取材
　　澁川祐子
デザイン　中山寛（Drawing and Manual）
撮影（帯、カバー、中ページ資料）
　　安永ケンタウロス（Spoon Inc.）
制作協力　高橋恵子、松添みつこ（D&DEPARTMENT PROJECT）
編集　　田邊直子（美術出版社）
編集協力　藤田千彩（アートプラス）、諏訪美香（美術出版社）

発行人　大下健太郎
発行所　株式会社美術出版社
〒101-8417
東京都千代田区神田神保町3-2-3 神保町プレイス9階
TEL. 03-3234-2153（営業）TEL. 03-3234-2173（編集）
振替　00130-3-447800
http://www.bijutsu.co.jp/bss/
印刷・製本　株式会社千代田プリントメディア

ISBN978-4-568-50485-9 C3070
Printed in Japan